시골집에
살고
있습니다

시골집에 살고 있습니다

초판 1쇄 인쇄 | 2025년 10월 25일
초판 1쇄 발행 | 2025년 11월 1일

지은이 | 원진주
발행인 | 박보영
펴낸곳 | 도서출판 해뜰서가

디자인 | 아르케 DnP
표지·본문삽화 | 이송이

등록일 | 2023년 7월 28일
주소 | 서울시 강북구 도봉로 308, 8층 R804호
전화 | 070-4300-1861
팩스 | 050-4246-1861
이메일 | haeddle0120@naver.com

ISBN 979-11-985283-7-7 (13810)

이 도서는 2025년 문화체육관광부의 '중소출판사 성장부문 제작지원' 사업의 지원을 받아 제작되었습니다.
ⓒ 원진주
All rights reserved.

* 값은 뒤표지에 있습니다. 잘못된 책은 바꾸어 드립니다.

해뜰서가는 작가와 독자가 행복한 책을 만듭니다.
이 책의 모든 법적 권리는 작가와 도서출판 해뜰서가에 있습니다.
저작권법에 의해 보호받는 저작물이므로
저자와 본사의 허락 없이 무단 전재, 복제, 전자출판 등을 금합니다.

시골집에
살고
있습니다

원진주 지음

해뜰서가

프롤로그
떠나기로 결심했다

　남편의 눈물을 보던 그날 결심했다. 서울을 떠나기로. 남편을 잃을 수도 있다는 생각이, 두려움이, 가슴 깊은 곳에서 울컥 올라왔다. 복잡하고 치열하며 경쟁이 끊이지 않는 관계 속에서 더는 상처받고 싶지 않았다. 그렇게 우리의 시골 생활은 시작됐다. 덜컥 시골집을 매매하고 집을 고치고 5도 2촌(닷새는 도시, 이틀은 촌)을 시작하면서 서울과의 거리 두기를 하며 행복해지려 노력했다.

　처음엔 일주일에 이틀, 자연을 만났다. 자연은 늘 조용했지만, 살금살금 본연의 몫을 다 해내고 있었다. 봄에는 싹을 틔우고 여름에는 무럭무럭 자랐으며 가을에는 가지를 뻗고 꽃을 피웠다. 그렇게 한 해를 잘 살아냈다 싶은 찰나, 조용하게 다시 숨을 죽였다. 시골 생활을 시작하고 처음 맞은 가을에 튤립을 심었다. 쑥쑥 자랄 것이라는 예상과는 달리 보름, 한 달이 지나도 통

싹이 올라오지 않았다. 애가 탔다. 기다림의 끝에 한차례 비가 오고 햇볕이 내리쬐더니 성큼성큼 싹이 올라와 놀라게 했다. 그리고 마침내 꽃을 피워냈다.

시골로 내려오며 자연스레 사계절의 변화를 느끼게 됐다. 그리고 그 자연이, 사계절이, 나의 삶과 다르지 않음을 깨달았다.

시골에 집을 알아볼 때는 많은 고민과 갈등, 불안함, 두려움이 있었다. 만약 다시 그때로 돌아간다면 지금과 같은 선택을 했을까. 평생 서울에 머물며 각 방송사를 메뚜기처럼 옮겨 다니며 살아갈 줄 알았던 내가, 프리랜서라는 불안정한 직업 탓에 불확실한 거라고는 질색하던 내가, 30대에 불현듯 계획에도 없던 시골행을 택하다니…. 그럼에도 단 하나는 명확하다. 늘 인생을 숙제처럼 살던 내가, 하나씩 포기하며 더 나은 것들을 찾아간다. 이런 경험이 너무나 소중하다는 것을, 조금 더디지만 알아가고 있다.

서울에서의 삶은 늘 빠르고 정신이 없다. 하지만 시골의 삶은 늘 느리고 조용하다. 그러한 다른 환경과 분위기 속에서 그동안 놓치며 살아온 진짜 행복을 찾아가고 있다. 이 책을 찾아준 독자들께서 무심코 펼친 책장에서 그 경험을 오롯이 느낄 수 있길 진심으로 바란다.

프롤로그 … 떠나기로 결심했다

Part 1. 때려치우다

남편이 동굴 속으로 들어갔다 ················· 25
선택의 기로 ················· 31
모두 반대, 시골살이 ················· 34
눈에 넣어도 안 아픈 딸 ················· 38
할머니의 눈물방울 ················· 43
세 밤만 자면 올게 ················· 50
어쩌다 집 두 채 ················· 54
농사가 싫다면 벌금을 ················· 58
이게 얼마짜린 줄 알아? ················· 61
나 아픈 것 같아 ················· 68

Part 2. 인생은 늘 예측불허

삼촌이 왜 거기서 나와	75
무너져도 쓰러져도, 다시 시작	79
버스표 오픈런	84
전원생활 로망? 폭망!	88
할머니, 우리 망한 거 아니야	93
다시 심장이 뛴다	97
서프라이즈!	100
밭두렁에 박힌 차	105
누구나 사정이 있다	110
거기는 인터넷 쓰는 사람 없는데요	113

Part 3. 그럼에도 달디단

칠절리 막내의 활약	121
반장님 우리 반장님	126
미안해, 라는 세 글자	131
디올 가방 vs. 몸뻬	137
속세의 맛	141
무일푼 제철 식재료	145
광란의 밤	150
당장 짐 빼!	155

Part 4. 인생 ing

남편의 하루 ⋯⋯⋯⋯⋯ 165

목욕탕 회동 ⋯⋯⋯⋯⋯ 169

2세에 대한 고민 ⋯⋯⋯⋯⋯ 174

진짜 어른이 됐다 ⋯⋯⋯⋯⋯ 179

맨발로 흙을 밟고 거닐면 ⋯⋯⋯⋯⋯ 184

칠절리 썰매장 ⋯⋯⋯⋯⋯ 189

고양이도 그리움을 안다 ⋯⋯⋯⋯⋯ 195

부부라는 끈 ⋯⋯⋯⋯⋯ 203

요즘 어른의 관계 맺기 ⋯⋯⋯⋯⋯ 207

포기하는 법 ⋯⋯⋯⋯⋯ 211

땅도 쉬어가는데 ⋯⋯⋯⋯⋯ 215

때려치우다

침묵을 깬 아빠의 말.
한번 해 보라는 그 말이,
행복을 응원한다는 그 말이,
마음에 와서 쿵- 하고 박혔다.

남편이 동굴 속으로 들어갔다

나는 방송작가로 15년, 남편은 방송 영상 피디로 15년.

  우리는 늘 이 일이 좋았고, 재미있었다. 그래서 이렇게 달려도 괜찮을 줄 알았다. 하지만 아니었다. 밤새워 일하고 쪽잠을 자고 영상 한 편 한 편을 만들어 가는 동안 우리 심신의 미약함이 창대할 만큼 창대해진 상태였다. 하지만 그런 미약한 심신은 마감일에 밀려 숨죽이고 있어야 한다. 제작진의 심신 따위 때문에 방송일이 미뤄지는 일은 존재하지 않기 때문이다. 그러니 우리 심신이 미약한들 그 누가 알리오.

  꾸역꾸역 마감일을 맞추던 날이었다. 방송이 3일 정도 남았던 때로 기억하고, 당시 남편과 나는 같은 프로그램을 제작하는 중이었다. 여느 때와 마찬가지로 우리는 한 편의 영상을 만들기 위해 밤낮없이 촬영하고 글을 쓰고, 또 촬영하고 글을 썼다.

상사에게 영상을 검수받는 날, 상사는 마주 앉은 우리에게 독설을 내뱉기 시작했다.
"나라면 촬영을 이렇게 안 했어!"
"이 컷 말고 다른 컷은 없나?"
"아니, 섭외가 이렇게 안 됐으면 미리 말했어야지. 어쩌려고 그래?"
"내가 전에 비슷한 걸 했었는데, 내 것 보고 참고해 봐."
기분 안 좋은 일이 있기라도 한 듯 독설을 내뱉느라 혈안이 된 모습이었다. 하지만 우리에게 이 단계는 늘 거쳐야 하는 관문이었기에 논리적으로 답을 이어갔는데, 말대답이 결국 그의 심기를 건드리고 만 모양이다.
"난 이대로 방송 못 내보내니까 다시 촬영해!!!"

억울했다. 너무 억울했다. 촬영 전, 촬영 중간, 촬영 끝나고까지 그렇게 상황을 보고했으며, 시시때때로 구성안까지 다 공유했는데 지금 와서 마음에 안 든다니. 그런데 더 어처구니없는 건 그다음 말이었다.

"내가 바빠 죽겠는데, 그걸 어떻게 다 보나? 어?"

그러고는 회의실 문을 쾅 닫고 나가버리는 게 아닌가. 욕이 목구멍까지 치고 나오는 걸 꾹 참았다. 몇 날 며칠, 아니 몇 달 동안 공들여 만든 영상을 한 시간 만에 엎어버리다니. 차라리 납득할 수 있도록 설명해 줄 순 없었을까? 그렇게 우리 둘은 한 시간이 넘도록 불합리한 상황에 시달리다가 차에 몸을 실을 수 있었다.

우리는 부부이기 이전에 동료다. 같은 프로그램을 한 적도 꽤 되니, 서로 일하는 성향을 누구보다 잘 안다. 그러다 보니 나도 나지만 남편의 충격이 더 크지 않을까, 라는 생각이 들었다. 남편은 늘 일에 대한 자부심이 높은 사람이다. 더구나 이전 프로그램에서 좋은 성과를 내 왔고, 이번 영상도 그가 큰 애착을 가지고 만들었다는 걸 안다. 그러니 상사에게 단호한 피드백을 들은 남편의 마음에는 깊은 상처가 생겼을 것이다.

말없이 도착한 집. 차 안에서처럼 우리는 누구도 먼저 말을 걸지 않았다. 그리고 남편은 거실 식탁에, 나는 방 책상에 다시 앉았다. 남편은 영상을 수정했고, 나는 수정할 부분들을 노트북 키보드가 부서져라 '타타타타악' 쳐 댔다. 그렇게 우리는 안 좋은 기분을 잠시 묻어둔 채 일을 이어갔다. 그리고 또 다음 날이 밝았다. 방송까지 이틀 남은 시점, 핫식스를 먹으며 잠과 사투를 벌였다. 그 사이에도 상사로부터 수정 사항이 계속 날아왔고, 점점 그 요구에 얽매여 우리는 생각을 잃어가고 있었다.

"이렇게 하는 게 맞는 건가? 아닌 것 같은데, 이제 더 모르겠어."

"이 구성은 아니지 않아? 다 들어주다 보니 산으로 가는 것 같아."

"내가 말하고 싶었던 방향은 이게 아닌데….“

하지만 결국 우리가 만든 영상인지 아닌지 모를 다큐멘터리 한 편이 전파를 탔다. 우리는 만족하지 않지만, 상사는 만족하는 영상이었다. 방송이 끝나자 상사에게서 문자 한 통이 왔다.

[역시 내가 하라는 대로 하니까 훨씬 재밌었어. 앞으로도 내가 하는 말대로 해 주면 좋겠고 내가 만들었던 OOO 영상 보내 줄 테니 보고 공부하세요]

지랄도 풍년이다. 자기 것을 보고 공부하라니. 사실 영상이라는 것엔 맞고 틀리고는 없다는 게 우리 둘의 생각이었다. 그래서 나와 남편은 후배들이 만든 영상이나 대본에 늘 답은 없는 것이니까 제작자의 의도를 담되 하고 싶은 대로 해 보라고 말해 왔다.

하지만 상사의 말에 따르면 답은 정해져 있다는 것 아닌가. 자신의 기준만을 정답으로 두고 계속 수정을 외치던 상사를 이해할 수 없었다. 물론 그렇다고 해서 우리가 할 수 있는 건 없었다. 만든 사람의 의도는 바뀌더라도 상사의 마음에 들어야만 전파를 탈 수 있는 게 바로 방송이니까. 그렇기에 우리는 방송을 열심히 만들다가도 이런 순간이 오면 무기력한 존재가 되고 말았다(물론 이런 상사만 있는 것은 아니다).

그날 이후, 남편은 하루가 다르게 무기력해졌고 그때 일을 떨쳐버리지 못했다. 자존심도 자존심이지만 앞으로도 이런 일들을 마주해야 한다는 생각이 그를 더 두렵게 만드는 것처럼 보였다.

남편은 가끔 '동굴'을 파고 들어간다. 그럴 때는 빠르게 건져 올려 줘야 한다. 그렇지 않으면 꽤 오래 굴속에 파묻혀 지내기 때문이다. 하지만 결혼 후의 남편은 동굴을 판 적도 없었으며 대부분 그런 조짐이 보일 때 빠르게 조치하면 쉽사리 건져 올릴 수 있었다. 그런데 이번엔 달랐다. 며칠 동안 노트북도 켜지 않고, 휴대폰도 손에서 내려놓았다. 그냥 자고 또 자고, 약속도 잡지 않고 끼니도 거르는 일이 빈번했다. 여행도 영화도 쇼핑도 술도… 그 외 어떤 것도 통하지 않았다. 그렇게 동굴을 아주 깊숙이 파고 들어간 기간은 무려 보름이었던 것으로 기억한다.

그러던 어느 밤, 일이 많아서 집에 늦게 들어간 날이었다. 남편이 식탁에 혼자 앉아 혼술을 하고 있는 게 아닌가. 이제 괜찮아졌나 보다 생각하며 안심하던 찰나, 남편이 뚝뚝 눈물을 흘리기 시작했다. 그 모습에 어떤 말도 떠오르지 않았다. 그냥 우는 남편을 안았다. 안고 같이 울었다.

선택의
기로

다음 날 당장 집부터 알아봤다.
검색어는 '시골집 매매', '시골 주택 매매', '귀촌 집' 등등이었다. 좋은 집이 아니어도 괜찮았다. 잠시나마 지친 남편이 쉬어갈 수 있는 공간, 잠깐 방송과 거리를 둘 수 있는 곳이면 오케이였다. 남편이 늪에서 빨리 헤어 나오길 바랄 뿐이었다.

그렇게 집을 알아보고 답사를 다니면서 남편의 표정이 달라졌다. 매일 촬영 때문에 방문하던 지방이 아닌 나만의 공간을 찾기 위해 다니는 것 자체로 그저 행복해했다. '남편이 이토록 행복해할 줄 알았으면, 5도 2촌(닷새는 도시, 이틀은 촌)이라는 거 진작에 할걸'이라고 생각하다가도 이 선택이 옳은 것인지 혼자 읊조렸다.

서울은 무언가를 포기하고 싶어도 포기할 수 없게 만드는 힘이 있었다. 일 뿐만이 아니었다. 남들이 하는 만큼 나도 해야 한다는 생각을 끊임없이 하게 만들었다. 직장 동료가 외제 차를 사면 나도 사야 할 것 같았고, 친구가 집을 장만하면 나도 뒤처지지 않을 정도의 집을 소유해야 할 것 같았다. 친한 친구가 결혼한다고 하면 나의 결혼 적령기가 지나가는 것 아닌지 걱정됐다. 그렇게 한시도 쉬지 않고 곁에 있는 사람들과 동등하기 위해 발버둥 쳤다. 잠시라도 일을 쉬려고 하면 그다음이 걱정됐다. 다른 이들은 점점 나아가는데 나만 제자리에 머물러 있을까 봐서.

아등바등 살아온 시간은 꽤 길었다. 나의 20대와 30대가 도태되지 않았으면 하는 바람으로 쉼 없이 달려왔다. 모든 걸 쏟아부었다. 그 탓일까. 하루에도 열두 번씩 선택의 기로에 섰다.

일을 줄였다가 일이 아예 끊기면 어쩌지?
서울에서 삶을 포기할 수 있을까?
시골에 내려가도 될까?

서울이 주는, 불안하면서도 모든 면에서 주는 안정감을 포기할 수 없었다. 그간 내가 생각하는 행복은 원하는 일을 하며, 돈을 많이 벌고, 내 위치에서 명예를 얻는 것이었다. 그 가운데 중심은 물질적 풍요였던 것 같기도 하다. 원하는 만큼 돈을 벌면 원하는 걸 손에 쥘 수 있고, 원하는 방향으로 나의 삶을 이끌어 갈 수 있다고 생각했기 때문이다. 그런 면에서 서울에서의 삶을 포기할 용기가 나지 않았다.

하지만 남편의 얼굴을 보고 있노라면 긴 생각의 끝은 늘 같은 곳에 닿았다. 일에 치여 버텨내는 시간이 아닌, 나 그리고 남편을 위한 시간을 살고 싶었다. 또 나중에 나이가 들어 일흔 살, 여든 살이 되어 지나온 시간을 돌아봤을 때 너무 치열하게 살아온 기억만 떠오르지 않도록, 조금은 내가 중심이 되는 삶을 살아보고 싶은 마음이었다. 그렇게 우리는 번아웃을 이겨내기 위해 그리고 우리의 삶을 돌보기 위해 5도 2촌을 결정했다.

모두 반대,
시골살이

시골에 집을 구하겠다고
처음 얘기했을 때 예상대로 아빠는 확고히 반대 입장을 표명하셨다. 잘 나가는 사회생활을 하던 딸 부부였는데, 느닷없이 사위는 직장을 그만두고 딸은 일을 대폭 줄여서 시골에 내려간다니 황당하고 어이없는 게 당연했다. 게다가 살 집이 있는 것도 아니고 이제부터 살 집을 알아보겠다니, 이게 뭐 하자는 건가 싶으셨을 것이다. 아빠는 30년 넘게 말 잘 들으며 살아온 딸이 왜! 도대체! 이제 와서 10대 사춘기처럼 구냐며 핀잔했다.

"시골살이가 네가 생각하는 것처럼 쉽지 않다."
"왜 굳이 빚을 내가면서 시골을 가겠다는 거냐?"

"다 빚내서 사는 건데 어떻게 갚으려고 하는 거냐."
"운전도 못 하면서 어떻게 서울을 왔다 갔다 하려고 그러냐."
"도대체 서울에서 일 잘하다 말고 왜 사서 고생을 하겠다는 거야…."
"차라리 그 돈으로 서울에 집을 사라."
그리고 마지막은 "휴~" 하는 한숨이 이어졌다. 하지만 무슨 자신감에서인지 아빠가 원하는 답 대신 의기양양하게 같은 말을 반복했다.
"젊으니까 괜찮아!"

그 무렵 친한 친구를 만났다. 친구라면 응원을 해 주지 않을까 하는 기대가 있었지만, 응원은커녕 아빠처럼 걱정 어린 말들을 한 시간 내내 쏟아내는 게 아닌가.
"야! 네 성격에 시골 가면 살 수 있을 것 같아? 엄청 답답할걸?"
"요즘 5도 2촌, 5도 2촌 하니까 그게 쉬워 보이냐?"
"일은 어쩌려고 그러냐. 그만둘 거 아니면 갈 생각은 빨리 접어."
그러면서 자기 동기 중의 한 명이 시골살이 하겠다면서 호기롭게 귀촌했다가 생각과 다른 현실에 부딪혀 6개월 만에 포기하고 다시 상경했다는 이야기도 덧붙였다. 이후 그 친구가 다시 서울에서 자리 잡기까지 힘들었다는 말도 곁들이며….

주변에서 끊임없는 반대 입장만 들으니 '내 결정이 틀린 건가, 너무 섣부르게 시골살이를 결심한 건가'라는 의구심이 들기 시작했다.

가볍게 살지 말라는 아버지의 말씀.
고생할 게 눈에 선하다는 친구들의 말.
그 사이에서 오는 번민.

그럼에도 지금이 아니면 다시 마음먹기 어려울 것이라는 걸 알기에 긴긴날의 고민 끝에 내 주관대로 나아가 보겠노라 결심했다. 몇 달 뒤 어렵사리 시골집을 구했으며 계약을 앞둔 시점, 아빠를 다시 찾아갔다. 앞으로의 일정과 계획을 마치 회사에서 프레젠테이션 하듯 발표했다. 야심 차게 준비한 진심이 담긴 마지막 한마디도 함께.
"아빠, 시골에 가야 지금 우리가 행복할 것 같아."

예상외로 아빠는 아무 말도 하지 않으셨다. 자포자기하신 걸까. 아니면 화가 나서 말조차 섞기 싫으신 걸까. 차라리 화를 내시면 마음이라도 편할 텐데…. 그간 한 번도 아빠의 말을 거스르고 뭔가를 해 본 적이 없던 나였다.

그런데 이대로 허락을 못 받는다면 다음은 뭘 해야 하지? 어떻게 해서 설득해야 할까. 복잡 미묘한 감정과 생각이 머릿속에서 뒤죽박죽됐다. 그렇게 아빠의 묵언을 조용히 지켜보는 사이, 시계 초침은 쿵쾅거리는 심장박동 소리를 숨겨 주기라도 하듯 쉬지 않고 재깍거렸다. 그때.

"그래. 그게 너희들이 행복할 것 같으면, 한번 해 봐!"

침묵을 깬 아빠의 말.
한번 해 보라는 그 말이,
행복을 응원한다는 그 말이,
마음에 와서 쿵– 하고 박혔다.

죄송하고 또 감사했다. 그렇게 우리 삶의 가치를 찾아가는 여정이 어렵사리 시작됐다.

눈에 넣어도
안 아픈 딸

아빠 말에 의하면

어렸을 적부터 나는 똥고집이었단다. 고작 네 살짜리가 뭘 안다고 할머니 댁에 가는 날만 되면 짐을 바리바리 챙겨 가방을 메고 준비했는데, 거기에는 인형부터 장난감까지 내 물건을 다 담아야만 직성이 풀렸다고. 게다가 시골에 가서도 누가 내 물건을 만지는 걸 지극히도 싫어했단다. 그게 할머니든 엄마든. 내 건 나만 만질 수 있다는 심보였으리라. 지금 생각해 봐도 고개가 절레절레 흔들어지는 나의 네 살 시절이었다.

여덟 살, 초등학교에 입학한 뒤에는 머리카락을 길게 길렀다. TV에 나오는 공주님들은 머리카락이 다 길다면서 공주를 하겠다고 긴 머리를 유지했단다. 그런데 그냥 기르기만 했으면 다행이련만, 꼭 아빠가 머리를 묶어 줘야만 등교했다니 말 다 했다. 어렴풋한 기억 속에 유독 잊지 못할 하루가 있다. 나는 등교를 해야 했고, 아빠는 바빴다. 그래서 아빠가 머리를 묶어 주지 못한 채 학교에 가게 됐다.

학교 정문에 들어선 순간 이대로는 도저히 등교할 마음이 안 생기는 거다. 그래서 운동장을 돌고 또 돌았다. 서너 바퀴를 돈 뒤, 내가 어떻게 했을까? 달렸다. 진짜 발에 땀 나듯 한참을 달려서 아빠가 일하시던 공장으로 갔다. 그리고 머리를 묶으라고 목청 높여 울기 시작했다. 당시 아빠의 얼굴에는 당황함이 역력했다. 결국 아빠는 기계를 돌리다 말고 우는 나를 앉혀 놓고 머리를 묶어 주셨다. 나는 거울까지 보고 만족해하며 발길을 돌려 학교로 향했다.

중학교 때는 그놈의 교복을 한시도 가만두지 않았다. 어떤 날은 늘렸다가 다음 날은 줄였다. 나름 당시의 유행을 따라가야 한다는 생각에 그랬던 것 같다.

'친구들은 다 줄여서 입는데 나만 너무 펑퍼짐하면 안 예쁘잖아.'

'어? 다들 왜 또 늘려서 A자(위는 작고 아래는 넓은 나팔식 형태

의 치마) 치마가 됐지?'

　이런 식으로 친구들 사이에서 뒤처지고 싶지 않아서 따라 하기 바빴다. 아마 세탁소에 가져다 바친 돈을 모으면 세탁기 한 대는 샀을 것이다. 친구들보다 뭐 하나라도 조금 뒤처지면 혼자 튀지 않을까, 달라 보이지 않을까 걱정했다. 친구가 가방을 사면 나도 사야 했고, 친구가 MP3 플레이어를 가지고 오면 나도 사야만 했다. 그럴 때마다 아빠에게 전화를 걸었고, 아빠는 안 된다는 말 대신 늘 "응, 알겠어. 우리 딸."이라며 바로 용돈을 보내주셨다.

　고등학생이 됐을 땐 때때로 맞고 다녔다. 분명 그 친구를 쳐다보지도, 물론 싸움을 걸지도 않았는데 내가 자기를 째려봤다면서 산으로 따라오라고 한 친구가 있었다. 분명 잘못한 게 없었으므로 당당하게 산으로 따라갔다.
　그런데 웬걸. 생각지도 못한 타이밍에 볼때기가 얼얼해졌다. 상황 판단을 할 찰나도 없이 연달아 맞다가, 졸지에 폭행 사건의 피해자가 됐다. 당시 기억을 더듬어 보면 나도 친구랑 함께 있었고 나를 불러낸 그 친구도 다른 친구들 몇몇과 같이 있었던 것 같다. 즉 영화에서나 볼 법한 고등학생들의 몇 대 몇 싸움이 벌어진 것이다. 물론 싸움이라고 하기에는 무색하게도 나만 계속 맞앉다. 지금 생각하면 왜 못 때렸지, 한심하기 그지없다.

그 일로 결국 경찰서까지 가게 됐고 서울에 계시던 아빠가 이 사실을 알아버리고 말았다. 아빠는 서울에서부터 한걸음에 달려와서 상황 설명을 쭉 들으시더니 불같이 화를 냈다.

"아니, 얼굴이 이렇게 될 때까지 맞고만 있었다는 거야!!!"

이게 무슨 말이지? 엄청나게 혼날 거라고 예상했는데, 이런 전개라니? 아빠가 화난 이유는 내가 한 대도 때리지 못하고 맞기만 했기 때문이었다. 아빠는 늘 얌전히 학교 다녀야 한다, 할머니 말씀 잘 듣고, 사고 치면 안 돼, 친구들하고 싸우지 말고 등등의 말을 반복했기에 당연히 아빠가 알면 대차게 혼나겠구나 싶었다. 하지만 아빠는 내 뺨부터 부여잡고는 눈물을 글썽거렸다. 나중에 할머니께 들은 말이지만 당시 우리 아빠는 내가 잘 때 진짜 펑펑 우셨단다. 혹여 멍이라도 들진 않을까, 흉이라도 남지는 않을까, 눈에 넣어도 안 아픈 딸이 마음의 상처는 입지 않았을까… 전전긍긍하면서.

그런 아빠다. 차가운 척, 강한 척하지만, 따뜻하고 여린 사람. 한 가정을 책임져야겠다는 책임감으로 힘들던 순간에도 포기하지 않고 꿋꿋하게 버텨 낸 사람. 혼자 벌어 두 딸을 키워야 했지만 부족함 없이 다 꾸려 줬던 사람. 그래서 늘 안쓰럽고 미안했기에 아빠가 원하지 않는 일은 하지 않았고, 속상할 것 같은 일에는 관심조차 두지 않았다.

그런 내가, 누가 봐도 효녀라고 생각했던 내가, 처음으로 아빠의 말을 거스르며 결정한 일. 그게 바로 시골행이었다.

할머니의
눈물방울

아니, 뭐 이 정도면 나랑 인연인 집이 없는 거 아니야?

이런 생각까지 들었다. 시골행을 결정한 후 곧바로 집을 계약한 건 아니었다. 마음에 드는 집을 찾아 전국 일주를 하기 시작한 지 어느덧 넉 달이나 되었다. 이제는 정말 집을 찾을 수 있는 건지 의문이 생기기 시작했다. 그러던 중 남편이 말했다.

"왜 당진은 싫어?"

당진은, 말하자면 나에게 아픈 손가락이다. 어릴 적 추억도 많지만, 눈물을 흘리던 아픔도 있는 곳이니까. 그래서 애초에 집을 구하러 다닐 때 당진을 후보지에서조차 배제했다. 하지만 남편은 아픈 손가락은 치료해서 안 아프게 해 줘야 한다는, 말도 안 되는 말로 계속해서 당진을 언급했고 당진의 매력을 줄기차게 이야기했다.

"당진에 가면 할머니도 계시고, 친구들도 있고 좋잖아!"
"당진은 이미 다 꿰고 있으니 지내기 좋지 않을까?"
"당진의 가장 큰 매력은 서울에서 가깝다는 거야!"

남편의 끈질긴 설득 끝에 결국 한 번 가 보기로 했다. 그 주 주말에 찾아간 당진. 물론 나의 입장은 '할머니 댁에 다녀오지, 뭐'라는 심산이 더 컸다(친가가 충청남도 당진시에 있다). 그렇게 당진 부동산을 돌며 농가주택 매물을 둘러보기 시작했는데, 역시나 마음에 드는 집은 없었다. 그럼에도 남편은 내 손을 끌고 주말 내내 당진 일대를 휩쓸고 다녔다. 그다음 주도 또 그다음 주도. 하지만 마음에 드는 매물은 발견하지 못했다. 사실 처음부터 당진을 내켜 하지 않았던 터라, 찾지 못한 것이 다행이라고 생각했다.

우리는 마음에 드는 집을 구하지 못한 채 다시 일상으로 복귀했다. 그런데 무심코 인터넷 검색을 하던 중 내 눈에 들어온 한 장의 사진. 바로 내가 찾던 꿈의 집이었다. 햇볕이 잘 들어오고 넓은 마당이 딸린 시골집에 단숨에 마음을 빼앗겼다. 당장 그 집

을 보러 가고 싶었다. 그런데 이게 웬일? 그 집의 위치가 바로

당

진

이었다.

당진과 내 인연은 깊다. 초등학교, 중학교를 거쳐 고등학교까지 당진에서 보냈고 대학에 진학하면서 서울로 올라왔는데, 당진에서 살 때 나를 보살펴주신 분이 친할머니였다.

할머니와 나는 두 차례의 이별을 겪었다. 첫 이별은 내가 고등학교 때 학교 앞에 있는 고시원에 들어갈 때였다. 고등학생이 무슨 고시원이냐고 생각하겠지만, 고시원에 들어갔던 이유는 단순했다. 학교에서 야자(야간자율학습)가 끝나면 집에 타고 들어갈 차편이 없어서였다. 시골 특성상 집으로 향하는 마지막 버스는 밤 9시에 끊기기 때문에, 누군가 데리러 와 줄 사람이 없다면 야자를 포기하든 집으로 들어가는 걸 포기해야만 했다. 당시 학교에서는 야자를 의무화해서 꼼짝없이 고시원을 선택해야만 했다.

고시원 입실을 결정하고 짐을 싸 나오던 날, 할머니는 평소처럼 아침밥을 차려 주셨다. 메뉴는 달걀 프라이에 소고기뭇국,

그리고 김치찌개로 내가 가장 좋아하는 메뉴들이었다. 평소 같으면 할머니가 "밥은 다 먹어야 혀.", "교복은 항상 단정하게 하고 댕기고", "버스에서 떠들지 말고" 등등 고정 멘트를 하셔야 하는데 유독 말씀이 없으셨다. 아니, 내 밥그릇에 있는 쌀알이 몇 개인지 세기라도 하듯, 그저 밥그릇을 바라만 보실 뿐이었다.

밥을 다 먹고 짐을 챙겨 버스를 타기 위해 정류장으로 걸어 나갔다. 할머니는 양손에 짐을 바리바리 들고 버스정류장까지 나를 배웅했다. 그때까지도 할머니의 입은 자물쇠를 채운 듯 열리지 않았다. 왜 그런지 계속 질문했지만, 그럼에도 하염없이 침묵했다. 버스는 도착했고, 할머니는 짐을 하나하나 올려 주셨다. 그리고 내 손을 잡고는 드디어 꽉 닫혔던 입을 떼셨다.

"아침밥 꼭 챙겨 먹고, 자주 와야 혀."

그제야 자세히 본 할머니의 눈가에는 눈물방울이 맺혀 있었다. 내 눈에선 눈물이 왈칵 쏟아졌다. 초등학교, 중학교, 고등학교 때까지 할머니는 매일 아침밥을 차려 주셨다. 늘 달걀 프라이 한 개와 따뜻한 국이 올라왔다. 늦잠을 자서 부랴부랴 나갈 때도 교복 입는 나의 입에 밥이 떠진 숟가락을 가져다 넣어주셨고, 할머니가 몸살이 나서 아플 때도 아침밥은 늘 차려져 있었다. 새벽에 밭일을 나가실 때도 부엌에는 아침 밥상이 차려져 있었다. 할머니는 그랬다. 그렇게 나를 사랑으로 키워내셨던 거다.

두 번째 이별은 대학 진학 후 서울 상경 때였다. 서울은 정말 당진이랑 가깝다고, 심지어 다른 지방보다 버스도 많이 다닌다고, 서울에 가서도 주말마다 꼭 오겠다고 할머니와 새끼손가락을 걸고 약속했다. 하지만 호기롭게 했던 약속은 지켜지지 못했다. 주말마다 해야 할 과제는 많았고 용돈을 벌기 위해 아르바이트도 해야 했다. 당진을 벗어나 정착한 서울은 가히 전쟁통 같았다. 뭐 하나 삐끗하면 나만 낙오될 것 같은 생각이 하루에도 수십 번씩 나를 옭아맸다. 하루하루 허덕이기 바빴다.

그렇게 시골에 내려가는 횟수가 일주일에 한 번에서 한 달에 한 번이 됐고 또 두 달에 한 번이 됐고, 석 달, 넉 달, 다섯 달에 한 번까지… 점점 간격이 길어졌다.

할머니는 나에게 자주 전화하셨다. 잘 있냐며, 밥은 잘 먹냐며, 할머니는 잘 있다고, 올 생각은 하지 말고 그 시간에 너 푹 쉬라고, 할머니 걱정은 하지 말라고, 정말 아무 일 없이 다 괜찮다고.

할머니 말을 철석같이 믿었다. 정말 다 괜찮은 줄 알았다. 열심히 공부하고 일하는 게 할머니께 더 맛있는 걸 사 드릴 수 있고, 효도하는 거라고 생각했다. 그러던 어느 날 청천벽력 같은 전화 한 통을 받았다. 할머니가 천안의 큰 병원에 입원하셨다는 소식이었다. 손이 떨리고 얼굴이 경직되기 시작했다. 할머니가 잘못되시는 건 아닌가, 할머니가 안 계시면 나는 어쩌지, 하는 오만가지 생각과 후회가 머릿속을 어지럽혔다. 그러는 동안 발은 지하철역으로 향하고 있었다.

천안 아산행 지하철에 몸을 실었다. 한 시간 반을 넘게 달려 지하철에서 내려 역 공원으로 나갔다. 차가운 밤바람이 더 가슴을 후벼팠다. 할머니가 더 보고 싶었다. 병실로 달려가 마주한 할머니의 얼굴. 어린아이처럼 해맑게 웃으며 반가워하시는 할머니의 얼굴을 보자 눈물이 왈칵 쏟아졌다. 죄송해서, 너무 죄송해서.

할머니는 늘 내가 아픈 걸 가장 먼저 알아주는 사람이었고, 내가 숨어서 울 때도 나를 찾아내 다독여 준 사람이었고, 그 누가 나에게 소리 한 번 지르면 끝끝내 열 배로 갚아주는 엄마 같은 존재였다. 그런데 나는 할머니가 아픈 것조차, 주름이 늘어 가는 것조차, 외로운 것조차 모른 척하며 시간을 흘려보내 왔다. 편안하게 지내셔야 할 노후를 오롯이 나에게 투자하며 정성을 쏟았는데, 나 살기 바쁘다며 할머니를 잊어버렸다. 쉽사리 감정이 가라앉지 않는 나를 꽈악 안으며 할머니가 말했다.

괜찮다고. 정말 괜찮으니 울지 말라고. 다 괜찮다고.

한참을 더 울다가 자고 가겠다며 간이침대를 펴고 누웠다. 그날 할머니 손을 잡고 말했다. 미안하다고 그리고 사랑한다고. 나중에 내가 더 여유가 생기면 할머니랑 당진에서 살 거라고. 그때까지만 건강하게 계셔 달라고.

그렇게 병실에서 할머니의 손을 잡았던 날로부터 어느덧 15년이라는 시간이 흘렀다. 남편 덕분에 잊고 살았던 병실에서의 그날이 떠오르고 말았다. 그랬다. 결국 내가 돌아갈 곳은 당진이었다.

세 밤만
자면 올게

부모님의 이혼과

아빠의 사업 실패로 나는 아홉 살, 동생은 다섯 살 때 시골에 내려가게 됐다. 당시 아빠는 사업이 망하면서 택시 기사로 일했다. 시골에 오던 날도 아빠가 몰던 택시를 타고 왔는데, 동생과 뒷자리에서 부둥켜안고 자다가 바닥에 떨어질 것 같은 느낌이 들어 깨고 말았다. 내가 일어난 걸 모르는 아빠는 연신 창문을 열고 한숨만 쉬었는데, 그날 아빠의 한숨 깊이가 우리 가족의 앞날을 말해 주는 듯 보였다. 눈을 몇 번 끔뻑이며 아빠의 마른 어깨를 바라보다, 다시 잠이 들었다.

다시 깼을 땐 할머니 댁 안방이었다. 아빠가 잠든 우리 자매를 안아서 방에 데려다 둔 것 같았다. 할아버지와 할머니 그리고 아빠의 낮은 목소리 톤이 들려왔다. 졸린 눈을 비비며 일어났다. 그러자 아빠는 동생이 깰세라 나에게 할머니와 할아버지 말씀 잘 듣고 있으라고, 곧 데리러 오겠다면서 딱 세 밤만 기다리고 있으라고 했다. 나는 손가락을 걸고 꼭 세 밤만 기다릴 거라고 했다. 그렇게 아빠는 새벽, 동이 트기 전 우리를 시골에 두고 서울로 올라갔다.

그렇게 우리 자매의 시골 생활이 시작됐다. 나는 할머니를 쫑할머니라고 불렀고 할아버지를 쫑할아버지라고 불렀다. 쫑은 할머니, 할아버지께서 키우던 강아지 이름인데, 나이가 나보다 훨씬 더 많은 노견이라고 했다. 더 어렸을 때도 할머니 할아버지 집에 놀러 온 적이 있었기에 크게 어색함 없이 지냈다. 3일쯤이야, 거뜬하게 기다릴 수 있었다.

"쫑할머니 과자 먹고 싶어."
"쫑할아버지 나 슈퍼 가고 싶어."
"쫑할머니 나 햄 반찬 먹고 싶어."

시골엔 온통 없는 것 투성이었다. 서울에서 사 먹던 아이스크림과 과자도, 반찬으로 먹던 분홍빛 햄도 없었다. 3일째가 되던 날 드디어 서울집에 가면 과자를 먹을 수 있겠다는 생각에 가져왔던 가방에 옷을 꾸겨 담았다.

그런데 밤이 되도록 아빠는 오지 않았다. 손가락까지 걸었는데 왜 오지 않는 거냐며 괜히 할아버지에게 짜증을 냈고, 잠시 후 할아버지는 아빠에게 전화를 걸어 나를 바꿔 주셨다.

"아빠 왜 안 와? 보고 싶어."

아빠는 일을 더 해야 우리를 데리러 올 수 있으니 3일만 더 기다리라고 했다. 그렇게 3일이 흐르고 다시 전화한 아빠는 또 "3일만 더"를 말했다. 그제야 아빠가 우리를 데리러 오지 않을 수도 있겠다는 생각이 들어서 목 놓아 울었다. 내가 우니 동생도 따라 울었다. 할머니와 할아버지는 우리를 달래기 바빴다.

그렇게 3일, 3일, 3일… 보름 가까이 지나고 아빠가 왔다. 아빠의 양손에는 과자가 들려 있었다. 아빠를 보니 좋아서, 시골에는 없는 과자를 보니 더 좋아서 울었다. 이제 쫑할머니, 쫑할아버지네를 떠나 서울에 간다면서 또 오겠노라고 말하며, 과자를 뜯어 씹었다. 오도독하고 씹히던 과자의 맛은 짭쪼름하면서도 달콤했다.

그런데 아빠가 나를 앉히고는 아빠가 돈을 버느라 나랑 동생을 챙겨 줄 수 없으니 할머니, 할아버지와 조금만 더 지내라고 말씀하시는 게 아닌가. 조금 전까지 달콤했던 과자가 모래알이 된

듯 목구멍으로 넘어가지 않았다. 목 놓아 울고 싶었으나 아빠의 눈이 너무 슬퍼 보여서 눈물을 머금고 과자를 꿀꺽하고 넘겼다. 괜찮은 척 아빠가 차를 타고 마당을 빠져나가는 모습을 봤다. 애써 손을 흔들어 줬다. 아빠가 가는 길에 울지 않길 바라면서. 그리고 내 손을 꽉 잡으신 할머니가 슬퍼하지 않길 바라면서.

그때부터 나에게 당진은
슬프지만 애써 괜찮은 척해야 하는 곳이었다.

어쩌다 집 두 채

서해대교를 건너 당진에 도착했다. 그리고 사진으로 본 꿈의 집으로 향했다. 이번엔 정말 이 집과 내가 인연이 될 수 있을지도 모른다는 마음에 설렜다. 당진에서 집을 매매할 계획이라고는 정말 없었는데, 신기하게도 그 집에 마음이 돌아선 것이다. '사람의 마음은 갈대 같은 것 아니겠나'라고 스스로 합리화하며 도착한 집 마당. 그리고 발을 내딛는 순간!

"아! 여기다. 내가 찾던 집이다!"

라는 말이 나왔다. 집 안으로 들어선 순간 또 한 번 반드시 이 집을 계약해야겠다고 마음먹었다. 집안 곳곳을 둘러본 결과 서까래도 살릴 수 있을 것 같았고, 옛것을 그대로 보존하면서 집을 고칠 수 있을 것 같았기 때문이다.

오늘은 드디어 도장을 찍을 수 있겠다는 생각으로 부동산으로 향했다. 하지만 언제나 그렇듯 한 번에 되는 쉬운 일은 없다. 부동산중개사는 변수가 있다며 말꼬리를 흐렸다.

"한 채만은 안 판다고…."

아니, 우리는 분명 한 채의 집만 봤는데 한 채만 팔지 않는다니 이게 무슨 말인가 싶었다. 자초지종을 들어보니 내가 딱 매매하고자 한 집 옆에 같은 주인의 작은 집이 한 채 더 있었는데, 주인이 그 집도 같이 사야만 팔겠다는 것이란다. 그 이유는 이랬다. 두 집이 경계가 맞닿아 있는 데다 서로 너무 인접해 있어서 각각 다른 사람에게 매도할 경우 불미스러운 일이 발생할 수도 있다는 것. 하… 정말 생각지도 못한 변수였다.

집을 매매하기 위해 준비해 둔 우리의 예산은 정해져 있었고 두 채를 다 사기 위해선 추가로 예산을 마련해야 하는 상황이었다. 게다가 집을 사기만 한다고 끝이던가. 리모델링도 해야 하니 그 비용도 고려해야 했다. 현실적인 계산을 해 본 우리는 계약서에 도장을 찍지 못하고 그냥 서울로 올라가야만 했다. 전국을 돌아도 찾지 못했던 꿈의 집을 드디어 발견했는데 생각지도 못한 변수에 마음을 접어야 한다니… 쉽게 포기가 되지 않았다. 하지만 주인은 절대 한 채만은 팔 수 없다고 밀어붙였고 우리는 당장 예산을 더 늘리는 건 무리가 있었다.

뒤숭숭한 마음으로 며칠이 흘렀다. 이쯤 되면 남편이 다른 집을 보러 가자고 할 만도 한데, 얘기가 없었다. 내 눈치를 보고 있는 게 분명했다. 그리고 어느 날 밤, 우리 둘은 식탁에 마주 앉았다. 그리고 누가 먼저랄 것도 없이,

"그냥 질러보자!"

라고 말했다(이럴 땐 또 마음이 잘 맞는다!). 며칠 간의 고민 끝에 우리는 같은 결론으로 의견을 모았다. 그러고는 두 채의 집을 계약하기 위해 필요한 자금을 마련하고자 비상금도 털고 대출까지 알아봤다. 어렵사리 추가 자금을 만들 수 있었다. 다행히 우리가 자금을 마련하는 동안 주인분이 기다려 주었던 것도 신의 한 수였다.

대망의 계약 날, 우리는 설렘 반 기대 반의 마음으로 당진으로 향했고 드디어 계약서에 도장을 찍을 수 있었다. 내 이름으로 된 시골집을 가지게 된, 잊을 수 없는 날이었다.

"와! 여보 이거 진짜 우리 집이야? 대박!"

집을 찾아 전국 일주를 시작한 지 딱 8개월 만이었다. 그리하여 어쩌다 당진에 집을 소유하게 됐다. 그것도 무려 두 채나 말이다.

농사가 싫다면
벌금을

5도 2촌을 결정하고
땅을 알아볼 때만 해도 사실 시골집에 대해 무지했다. 그냥 마음에 드는 집을 고르고, 예산을 마련해서 사면 되는 거라고 단순하게 생각했다. 하지만 현실은 녹록지 않았다. 시골 땅에는 각기 다른 이름이 있다는 것을 아는가. 이름하여 대, 전, 임, 답!

  대(垈)는 대지
  전(田)은 밭
  임(林)은 임야
  답(畓)은 논이다.
  이 외에도 시골 땅은 28개의 지목으로 나뉜다고 하는데, 위에 언급한 네 개가 가장 대표적이다. 우리가 산 땅은 대와 전! 즉 대지와 전이 반반 섞인 땅이었다. 아니, 반반은 치킨이나 짬짜면 정도를 시킬 때만 성립되는 단어인 줄 알았는데 땅에도 이런 반반 땅이 있다니. 그런데 일단 반반인 게 문제가 되지는 않는다. 그럼, 뭐가 문제냐! 대지에는 뭘 해도 괜찮았지만, 다른 한쪽의 땅인 전 즉 밭에는 작물을 심어야만 한다는 것이다. 만약 농사를 짓지 않으면 벌금까지 나온단다.

처음엔 '농사를 짓는지 안 짓는지 어떻게 일일이 땅을 확인하겠어?'라고 단순하게 생각했다. 하지만 오산이었다. 대한민국은 뭐다? 과학기술이 최첨단으로 발달한 나라다. 특히 인공위성이라는 것이 발달하면서 시골 곳곳도 일거수일투족 확인이 가능하다. 그 때문에 각 지자체에서는 수시로 촬영본을 확인하고 농사의 여부는 물론 농사를 짓지 않았던 기간까지 확인해서 벌금을 고지한다고 한다.

사실 시골은 어떤 일을 해결하는 과정에서 서울보다는 제약이나 제한이 심하지 않을 거라고 생각했다. 하지만 지역의 규모도 작고 인구수도 적은 만큼 관리가 더하면 더했지, 덜하지 않았다. 게다가 벌금도 우리가 생각하는 3만 원, 6만 원 이 정도의 금액이 아니다. 밭의 평수에 따라 천차만별의 금액을 내야 한단다. 고로 우리는 반드시 농사를 지어야 하는 상황에 맞닥뜨렸고, 그에 따라 먼저 정해야 했다. 바로 뭘 심을 것인가다.

우리는 우리가 가장 잘하는(직업병) 인터넷 검색을 통해 가장 쉽게 심고 수확할 수 있는 작물을 찾아내기 위해 혈안이 됐다.

"풀을 뽑을 자신이 없으니까, 풀을 이길 수 있는 작물로 찾아보자."

"이왕이면 나무를 심을까? 오빠, 복숭아 좋아하잖아?"

"수박은 어때?"

그렇게 작물을 검색하던 나에게 남편이 물었다.

"근데 너 뭐 심거나 수확해 본 적 있어?"

"아니, 오빠는?"

"나야 경기도에서 나고 자랐는데, 해 봤을 리가."

농사에 농자도 모르는 우리가, 농사라니. 진작 알았다면 전(田)은 사지 않았을 텐데. 누구라도 땅 살 때 좀 알려 줬더라면…. 하지만 후회하기엔 늦었고, 그렇게 우리의 농사 준비는 시작됐다.

이게
얼마짜린 줄 알아?

뭐 방법이 있으랴. 농사를 지으라면 지어야 하는 것이 우리의 숙명. 그렇게 첫 농사를 시작했다. 긴 검색과 토론 끝에 결정한 작물은 청보리였다. 유명한 카페에 가면 늘 심겨 있어서 사진을 찍고 왔던 기억이 여러 차례 있다. 특히 여름에는 푸릇푸릇하고, 가을에는 황금빛을 수놓으니 얼마나 좋은가. 여름엔 여름대로, 가을엔 가을대로 매력을 느끼기에 충분한 작물이었다.

　청보리를 심기로 마음먹은 뒤 일단 심는 방법부터 찾아봤다. 다행히도 우리처럼 첫 농사를 짓는 어떤 이가 네이버 지식인에 청보리 심는 방법에 관해 물었고, 또 다른 친절한 이가 달아놓은 답이 있었다. 방법은 간단했다. 먼저 밭에 길쭉한 고랑을 판 뒤 청보리 씨를 뭉텅뭉텅 넣어주면 된단다. 쑥쑥 크라는 의미로 비료까지 덤으로 넣어주면 훨씬 잘 클 것이라는 코멘트도 같이 달려 있었다.

네이버 지식인 덕분일까. 초보 농사꾼인 우리도 지식인이 된 것 같은 기분이 들었다. 자, 이제 밭으로 나갈 시간! 시골에 오면 입는 몸빼 바지와 넓은 챙 모자를 쓰고, 장갑을 낀 채 기세등등 밭으로 향했다. 드디어 청보리 심기가 시작됐다.

아니, 그런데 이게 웬걸? 방법은 쉬웠으나 과정은 쉽지 않았다. 장갑을 껴도 장갑 안으로 흙이 밀려 들어오면서 손은 흙 범벅이 됐다. 급기야 밀려 들어온 그 흙은 내 손톱에 들어차기 시작했다. 심기 시작한 지 얼마 되지도 않아 분노 게이지 상승은 물론 급격한 짜증이 밀려왔다. 급기야 참고 참던 말이 목구멍에서 나오고 말았다.

"아! 진짜! 이게 얼마짜린 줄 알아???"

묵묵히 일하던 남편을 향해 쏘아댔다. 곱디고운 내 손톱, 무려 7만 원이나 들여서 한 네일아트였다. 그림 같은 전원생활을 꿈꾸며 설레는 마음을 가득 담아 그것도! 서울에서 하고 내려온 네일아트였다. 하지만 실상은 전혀 그림 같지 않았다. 과거로 돌아갈 수 있는 타임머신만 있었다면 당장이라도 돌아가 이 땅을 다시 팔아버리고 싶은 심정이었다. 정녕 이렇게 나의 품위는 청보리 따위에 밀리고 마는 것인가. 점점 더 분노하는 나에게 남편이 한마디 했다.

"벌금 아끼면 네일아트 100번도 넘게 할 수 있을걸."

하, 열은 받는데 팩트다. 맞다. 분노만 하고 있기엔 벌금의 크기가 상당했다. 망가져 가는 손톱을 보면 눈물이 날 지경이었지만 벌금을 낼 순 없었다.

"그래! 그래. 네일아트는 다시 하면 되지 뭐. 그래, 다시 하면 돼."

스스로 주문을 외우듯 같은 말을 반복하며 빠르게 분노하는 마음을 다잡았다(나의 장점 중 하나가 포기와 결정이 빠르다는 것이다). 다시 장갑을 끼고 청보리 씨를 뿌리고 비료를 가득가득 줬다. 내 손톱과 맞바꾼 첫 농사이니만큼 이왕이면 성공적이길 바라면서.

이후 청보리는 마당을 푸르게 수놓으며, 다행히 문제없이 자라 주었다(손톱도 망가졌는데 청보리 농사까지 망했다면 더 분노했으리라). 농사가 이런 맛이 있구나! 농사가 이렇게 쉬운 거였다니!

농사 초보자에게 청보리가 딱 맞았어! 어디서 나오는지 모를 자신감이 어깨를 뿜뿜하게 만들었다.

안타깝게도, 어깨 뿜뿜은 길게 가지 못했다. 늘 인생은 예측 불허라 하지 않던가. 나의 설렘은 며칠 뒤 또 한 차례의 분노와 절망으로 바뀌었다. 때아닌 손님이 방문했기 때문이다. 그 정체는 태.풍.이다.

태풍과 정면 대립각을 세웠던 청보리들은 여지없이 쓰러져 갔다. 무참히 엎어져 버렸다는 표현이 더 맞겠다. 태풍 앞에서는 하염없이 약한 존재가 청보리였다. 서울에선 장마니, 태풍이니, 호우주의보니 하는 말들이 크게 실감 나지 않았다. 그런데 호우경보는 왜 이토록 내가 있는 이곳, 당진에 온 걸까. 태풍에 완벽하게 지고 만 청보리를 보고 있자니 처음엔 욕이 나왔다.

"내가 어떻게 심은 건데!!!"

그다음은 눈물이 났다.
"진짜 내가 7만 원짜리 네일아트도 포기하고 심은 거라고…. 엉엉!"

또 그다음은 한숨만 났다. 분노, 절망, 포기의 세 단계를 고루 경험하는 순간이었다. 그리고 마지막 경지에 다다랐다.

"근데 도대체 왜 다 쓰러진 거야?"

"아무리 태풍이어도 그렇지, 저렇게 다 쓰러질 수 있다고?"

납득이 되지 않았다. 책 한 권을 읽어도 납득이 되고 이해가 돼야 다음 장으로 넘어갈 수 있는 성격을 가진 나였다. 그런데 아무리 생각해 봐도 단 몇 분 만에 다 쓰러져 버린 청보리를 이해할 수 없었다. 인터넷까지 뒤져봤지만, 명확한 답도 찾지 못했다. 답답한 마음에 이웃 어르신에게 찾아갔다. 의외로 답은 단순했다. 비료 때문이었다. 잘 자라라는 마음에 듬뿍 줬던 비료가 청보리에겐 감당할 수 없는 무게가 된 것이다. 너무 잘 자라서 무거워진 탓에 그 무게를 감당하지 못하고 바람이 부니 넘어지고 만 것이다.

인터넷 정보를 통해 첫 농사를 지어본 우리가 그걸 알 턱이 없었다. 하지만 낙심만 하고 있기엔 밭을 뒤덮고 있는 청보리의 양은 상당했다. 곧 썩기 시작할 텐데 그러면 더 처치 곤란이 될 거라는 판단이 섰다. 수습해야 했다. 남편은 낫을 들고 청보리를 베기 시작했고 나는 그 뒤를 쫓으며 청보리를 한 움큼씩 모아 묶기 시작했다. 바람의 힘을 견디지 못하고 흙에 내리꽂힌 청보리는 뿌리도 줄기의 끝도, 위아래로 흙을 머금어 더 무거웠다. 그렇게 무려 3일에 걸쳐 청보리 수습 작전이 이뤄졌다. 우리의 밭은 다시 원상복구, 허허벌판이 되고 말았다. 그날 밤, 남편이 물었다.

"어쩔까? 이 땅 그냥 토지 변경 신청할까?"

여기서 토지 변경이란, 일정 금액을 지불하고 전(田)인 땅을 대지로 바꾸는 것을 말하는데, 그 일정 금액이라는 것이 상상 이상으로 비싸다는 것이 함정이다. 그랬으니, 처음부터 농사를 선택한 것이기도 했다. 남편은 내 성격을 잘 알고 있었다. 농사 실패를 맛본 후 다시 농사를 짓겠다고 나설 리가 만무하다고 생각했으리라. 하지만 남편의 예상은 빗나갔다.

"아니, 내년에 다시 심을 거야."

남편의 눈이 동그래졌다. 연애 3년, 결혼 8년 차로 나에 대해 99%를 아는 남편이 예측하지 못했던 얼마 안 되는 순간이 아니었을까 싶다. 물론 노랗게 익은 황금빛 보리를 보지 못했다는 오기도 발동했다. 하지만 첫 농사가 나에게 준 가치는 생각보다 컸다.

처음 청보리를 심을 땐 그저 처음이라 신기하고 재미있었다. 하지만 청보리가 쓰러지고, 흙투성이가 된 청보리를 손으로 만질 때의 촉감과 흙냄새까지 좋았다. 흙을 이토록 오래 만져 봤던 게 언제였을까. 아마 어렸을 때 친구들과 놀이터에서 놀 때를 제외하곤 없었으리라.

    비록 첫 농사는 실패했지만, 흙에 대해 내 몸이 긍정적인 반응을 보인다는 걸 알게 된 후, 사계절의 흙을 만져보고 싶다는 생각이 들었다. 흙을 만지고 그 향기를 맡으며 자연과 교감하고 싶은 욕구 말이다. 서울에서는 하지 못한 경험이 될 것만 같았다. 더 이상 나에게 7만 원짜리 네일아트는 중요하지 않았다. 그렇게 다시 두 번째 농사를 꿈꿨다.

나 아픈 것 같아

"나 아픈 것 같아."

자고 일어난 남편이 말했다. 눈을 비비며 일어나 이마에 손을 대보니 열이 꽤 오른 모양인지 뜨거웠다.

"새벽에라도 아프면 깨우지. 병원 가자!"

"너무 곤히 자고 있어서 참고 있었지."

이 대목만 보면 대부분은 '남편이 아내를 열렬히 사랑하는 사랑꾼이구나'라고 생각하겠지만, 실은 자는 나를 깨웠을 때 분명 큰 화를 입을 수 있다는 예측이 앞섰기에 고통을 참아내는 쪽을 택했을 것이다.

부랴부랴 옷을 주워 입고 병원에 도착했는데 웬걸 동네에 병원이 많지 않은 탓에 대기 줄이 어마어마했다. 기다리는 동안에도 남편의 열은 더 오르면 올랐지, 떨어질 기미가 없었다. 심지어 눈의 초점도 흐려지는 듯 보였다.

"오빠, 괜찮은 거지?"

결혼하고, 아니 연애 때부터 지금까지 무려 10년이 넘는 동안 이렇게 아픈 모습을 처음 보았다. 덜컥 걱정이 앞섰다. 오빠가 없으면 누구랑 술을 마시나, 오빠가 없으면 서울은 누가 데려다주나, 오빠가 없으면 누구랑 놀지… 너무 단순해 보이지만 나에겐 정말 중차대한 문제이자 걱정이었다. 그런 걱정을 하고 있노라니 그간 남의 편인 줄만 알았던 남편이 유일한 내 편처럼 느껴졌다.

이런 생각을 하다가 드디어 진료 순서가 됐다. 남편과 함께 진료실로 들어가 보니, 그곳에 있는 선생님은 마치 인간극장에나 나올 법한 시골의 인기 많고 유능한 의사처럼 보였다. 선생님은 이것저것 물어보더니 병명을 진단했다. 진단명은 대.상.포.진. 그러고는 한마디 덧붙였다.

"대상포진은 면역력이 떨어지면 생기거든요, 근데 보통 60대 이상에서 많이 발현되는데…."

올해로 마흔이 된 남편, 도대체 면역력이 얼마나 떨어졌길래 서울에서도 건강하던 사람이 공기 맑은 시골에 와서 아픈 건지 걱정이 됐다. 아니, 사실 아파도 진작에 아파야 했는데 참고 참다가 이제야 아픈 건가 싶기도 했다. 서울에서는 한 번도 해 보지 않던 일을 다 해내고 있었기 때문이다.

날마다 풀을 뽑고, 잔디를 깎고 청소하고, 나무와 꽃에 물도 주고, 마당을 쓸고, 또 그새 자란 풀을 뽑고… 반복의 일상이었다. 그러니 몸이 성할 수 있을까. 촬영과 편집에 시달리며 받는 스트레스가 싫어서 선택한 시골 생활이었다. 하지만 시골에 온 뒤 육체적인 고통이 커진 건 분명했다. 사람은 하던 일을 하고 살아야 한다더니 그 말이 맞았던 걸까.

진료를 마치고 집으로 돌아가는 길, 남편에게 물었다.

"몸이 고생해서 아픈 것보다 머리 쓰면서 앉아서 하는 편집이 더 편했던 것 같지 않아?"

조금이라도 시골 생활에 후회하고 있을지도 모른다는 생각에 한 질문이었다. 하지만 남편의 생각은 달랐다.

"아니, 이왕이면 하고 싶은 거 하면서 아플래."

그 말을 하는 남편의 표정은 아파서인지, 슬퍼서인지, 스스로가 생각하기에도 어처구니가 없어서인지, 웃펴 보였다. 그런 남편의 모습이 귀여워 피식 웃었다. 그리고 생각했다.

'남편이 행복하다면야 됐지! 암, 그렇고말고!'

남편은 마음이 상하거나 감정이 지쳐 우울했던 서울의 삶보다는, 몸은 조금 고되고 아프더라도 하고 싶은 일을 하며 소소한 일상을 누릴 수 있는 시골의 삶을 택한 것 같다. 그런 마음을 알고 나니 안심이 됐다.

가끔은 어떤 선택이 삶의 경로를 바꾸는 전환점이 될 수도 있다. 우리의 선택이 번아웃을 겪은 남편을 치유하고 있는 것처럼 말이다.

인생은 늘 예측불허

이전에는 미처 몰랐던 소소한 일상,
선물 같은 일상을 보내고 있다.
이제야 비로소
우리의 삶이 안녕해진 것 같다.

삼촌이
왜 거기서 나와

푹푹 찌는 무더운 여름,
5도 2촌 라이프가 시작됐다. 당진은 나에겐 익숙한 지역이었지만 그래도 생활의 터전 3분의 1 정도가 옮겨왔다는 것은 새로운 모험과 같았다. 게다가 매일 휘황찬란한 도심 속에서 지내다 적막이 가득한 시골 생활을 시작하니 모든 게 낯설었다. 일주일 또 일주일, 시골살이에 적응하려고 노력해 가던 어느 날이었다. 남편과 시내에 나가려고 차에 올라탔다. 출발해 마당에서 막 벗어날 무렵, 아랫집 아저씨로 예상되는 분이 밭에서 일하는 모습이 보였다.

아랫집 아저씨에 대해서는 리모델링 공사 업체 사람들에게서 들은 적이 있다. 인천에서 귀촌한 지 얼마 안 됐고, 창문과 관련

된 일을 하는 것 같다, 손재주가 좋으니 알고 지내면 도움이 될 것 같다, 정도였다. 정보를 듣긴 했지만 마주친 적은 없었다. 보통 우리는 평일에 서울에서 지내고 주말에만 오가다 보니 마을 분들과 마주칠 일이 많이 없어서다. 리모델링 공사를 할 때도 매일 상주하지 않았기 때문에 마을에서도 우리를 본 사람은 거의 없었다.

아랫집 아저씨와도 그날이 첫 대면이었다. 남편은 말로만 들었던 아랫집 아저씨를 드디어 만나게 됐다면서 반가운 마음에 창문을 활짝 내리고 인사를 건넸다.

"안녕하세요. 윗집에 이사 왔어요. 잘 부탁드려요!"

남편의 인사에 아랫집 아저씨 역시 반갑게 답해 주었다.

"이사 온 양반이신가 보네! 앞으로 잘 지내요."

그런데 인사를 마치고 창문을 닫자마자 남편이 이상한 말을 하는 게 아닌가.

"아랫집 아저씨, 기영이 삼촌 같지 않아?"

기영이 삼촌이라 하면 나의 작은 아빠의 절친한 친구로 당진에서 나고 자란 분이다. 나랑은 정말 잘 아는 사이고, 남편과도 할머니 댁에서 술잔을 종종 기울인 사이였다. 하지만 나는 절대 그럴 일이 없다고 손사래를 쳤다. 기영이 삼촌은 인천에서 살고 있다고 작은 아빠에게 들은 적이 있기 때문이다.

그렇게 우리는 아랫집 아저씨는 기영이 삼촌이 아니라는 결론을 냈고, 다음 날이 됐다. 할머니 댁이 당진에 있다 보니, 서울에 있을 때보다 자주 들르는 게 일상이 됐고 그날도 할머니께 드릴 음료수를 사서 갔다. 거기서 작은 아빠를 만났는데, 우리 집에 한 번도 와 본 적이 없는 작은 아빠가 그 위치를 아는 것처럼 질문하는 게 아닌가?

"너그 사는 마을 이름이 뭐라고 혔지?"
"칠절리요!"
"칠절리? 그 교회 큰 거 있고, 언덕에 마을회관 있는 거기?"
"오! 네 맞아요. 작은 아빠가 어떻게 아세요?"
"설마 너그 집이 빨간 지붕 집이여?"
"오! 대박! 어떻게 아셨지?"
"야. 잠깐만 있어 봐. 잠깐만!"

그러더니 어디론가 전화를 걸었다. 통화 상대는 다름 아닌 기영이 삼촌이었으며, 너희 윗집에 공사하던 그 빨간 지붕이 진주네였다는 대화가 오고 갔다. 즉 어제 만난 아랫집 아저씨가 정말 남편 말대로 기영이 삼촌이었던 것이다.

남편은 그것 보라면서, 기영이 삼촌도 못 알아보냐고 비웃기 바빴다. 나는 인천에서 사시던 기영이 삼촌이 왜 당진에 있냐며, 그것도 왜 우리 동네에 있냐며 씩씩거렸다. 게다가 그때 목소리만 들었고 얼굴을 보지 못했다. 얘기를 듣고도 믿을 수 없던 나는 기영이 삼촌의 집, 즉 우리 아랫집으로 향했다. 그리고 "삼촌!"하고 불렀다. 그러자 정말 내 앞에 기영이 삼촌이 등장하는 게 아닌가? 나는 보자마자 소리를 질렀다.

"아니, 진짜! 기영이 삼촌이 왜 여기서 나와!"

기영이 삼촌은 유년 시절, 할머니 댁에서 자주 봐왔다. 다른 삼촌들도 종종 마주했지만 기영이 삼촌이 가장 각별했던 건 바로, 미소 때문이었다. 할머니 댁에 올 때면 늘 사과며, 귤이며, 달걀이며, 양손 가득 들고 오며 웃음 짓던 삼촌의 모습은 어제의 일처럼 생생한 기억으로 남아 있다. 그리고 늘 먼저 나의 안부까지 물어주던 친절한 삼촌이었다.

그런 삼촌을 같은 마을에서 그것도 아랫집 이웃으로 다시 만나다니, 감회가 새로웠다. 아무래도 당진에서의 삶이 더 특별해질 것만 같은 기분이랄까. 그렇게 과거의 소중했던 인연이 현재 나의 가장 가까운 이웃이 됐다.

무너져도 쓰러져도,
다시 시작

"비 오는 날은 막걸리지."

"옳소! 시골에서 먹는 막걸리라니 꿈만 같아."

그날도 술을 좋아하는 남편과 나는 시골에서 먹는 막걸리를 예찬하는 중이었다. 막걸리는 전과 먹어야 한다면서 한껏 들떠 있었는데, 그때 마침 오후 내내 소리 없이 내리던 빗줄기가 굵어지며 지붕까지 거세게 두드려 우리를 더 흥분시켰다. 비 오는 날의 술맛이란… 게다가 이곳은 서울이 아닌 시골 아니던가. 그렇게 달콤한 막걸리를 음미하던 순간! 거센 천둥이 쳤다. 그리고 남편의 한마디.

"핑크 뮬리!"

시골집 리모델링을 할 당시 마당 비탈에 핑크 뮬리를 심어놨는데, 천둥소리를 듣고 있자니 걱정이 앞선 것이다. 기존에 있던 땅은 긴 세월을 견뎌내며 자리를 지키고 있었던 터라 괜찮았다. 하지만 새로 계단을 내기 위해 개간한 곳은 흙이 아직 자리 잡지 못했던 만큼 걱정이 앞섰다.

부랴부랴 나갔지만 눈앞에 펼쳐진 결과는 참혹했다. 이미 둑은 무너졌고 심은 지 한 달도 안 된 핑크 뮬리는 만신창이가 됐기 때문이다. 남편은 아랫집으로 달려가 고추 심을 때 사용하는 비닐을 들고 왔다. 옆에는 잠결에 슬리퍼와 반바지 차림으로 뛰쳐나온 기영이 삼촌도 함께였다.

"아니, 이게 뭔 일이랴?"

삼촌은 졸린 눈을 비비다가 심각성을 깨달은 듯 슬리퍼까지 벗어 던지고 삽질을 시작했다. 남편은 핑크 뮬리에 비닐을 덮고 기영이 삼촌은 흙으로 비닐 덮기를 얼마나 반복했는지 모른다. 그리고 나는 큰 돌을 주워다가 비닐이 날아가지 않게 고정했다. 장마가 시작되는데 왜 비탈의 흙이 무너질 거라고 생각하지 못했을까. 남편은 비닐을 덮으면서 연신 한숨을 몰아쉬었다.

어찌어찌 작업을 마치고 보니 우리 셋은 진흙투성이가 된 채, 물에 빠진 생쥐 꼴을 하고 있었다. 좀 전까지만 해도 달달한 막걸리와 빗소리에 취해 마냥 즐거운 저녁 시간을 예상했건만, 지금 이 꼴은 뭔가 싶어 웃음이 났다. 서울에 있었다면 두꺼운 아파트 창문 안에서 밖을 내다보며 호우가 남의 일인 양 바라봤으리라 생각하니 허탈하기도 하고, 또 이게 정녕 시골의 삶인가 싶어 그저 웃었다.

다행히 밤사이 비는 그쳤지만, 남편은 새벽 내내 빗소리에 안절부절못하며 마당 점검에 나섰다. 이른 아침, 우리 집에 이장님이 찾아왔다.
"잠깐 나와들 봐요!"
또 우리 집 비탈이 무너졌나 하는 불안한 마음으로 부랴부랴 나갔는데 이번엔 비탈이 문제가 아니었다. 이장님이 걱정스러운 눈빛으로 가리킨 곳은 우리 집 뒤에 자리하고 있는 도토리나무였다. 그토록 내리던 비 때문일까. 분명 어제 아침까지만 해도 우직하게 서 있던 나무가 오늘은 누가 봐도 위태로워 보였다. 이장님은 또 폭우가 내리면 쓰러질지도 모른다면서 안전을 위해 베어야 한다는 말만 하고 사라졌다.

처음 이사를 올 때 두 나무를 유심히 봤는데, 하나는 앞마당에 있는 감나무였고 또 하나는 뒷마당에 있는 이 도토리나무였다. 도토리나무를 보고 가을에 도토리가 떨어지면 주워서 도토리묵을 만들겠다는 야심 찬 기대를 품었던 기억이 났다. 그 바람에 나무를 꼭 베어야 할까, 아직은 위험해 보이지 않는데 등등의 미련이 머릿속을 채우기 시작했다. 남편 역시 이 나무가 사라지면 생길 빈자리가 아쉬운 표정이었다.

며칠 뒤, 아쉬운 마음을 뒤로한 채 결국 도토리나무를 베기로 결정했다. 지자체에서 안전 점검을 나왔는데 위험하다는 결과가 나왔기 때문이다. 긴 시간을 그곳에 뿌리내리고 살던 나무인데 베어지는 건 순식간이었다. 자리하고 있던 나무가 없어지자 산도 뒷마당도 휑해진 느낌이었다.

직업 특성상 집중호우가 내릴 경우 수해 특집을 제작해 오곤 했다. 그래서 수해와 그 위험성을 꽤나 잘 안다고 생각해 왔다. 하지만 이번 일로 인해 자연재해에 대한 직접적인 무서움과 두려움을 느낄 수 있었다.

또 하나 느낀 것이 있다면 자연의 신비로움과 섭리다. 무너졌던 비탈은 비가 그침과 동시에 또 뿌리를 내리기 시작했고 도토리나무가 베어지고 난 곳은 고양이와 새들이 오고 가며 쉴 수 있는 보금자리가 됐다.

자연스럽게 이런 생각이 들었다.

자연의 섭리에 나도 함께할 수 있을까?

이곳에서 잘 뿌리내릴 수 있겠지?

버스표
오픈런

나는 장롱면허 소지자다.

분명 처음 면허를 딴 직후에는 운전을 곧잘 했던 것으로 기억한다. 로망이었던 밤길 고속도로 드라이브, 벚꽃길 드라이브 등 언제든 운전을 할 수 있었다. 하지만 로망은 오래가지 못했다. 당시 연인이었던 K군의 자동차로 운전하다가 사고를 내고 말았기 때문이다. 골목길에 가만히 서 있는 차를 박아버렸다, 그것도 아주 세게.

머리가 띵했고 정신이 하나도 없었다. 가장 당황스러운 지점은 그 누구도 내 운전에 영향을 주지 않았고, 나 혼자만의 실수라는 거다. 아무튼 그 이후로 다시 운전하면 언제든 사고를 일으킬 수 있을 거라는 생각이 들어 엄두도 내지 못하게 됐다. 스스로를 못 믿게 된 것이다. 그렇게 지금까지 지내온 결과, 장롱 속에 면허증을 고이고이 넣어둔 장롱면허 소지자 17년 차가 됐다.

운전을 멀리하고 살던 내가, 서울과 당진을 오고 가게 되면서 운전에 대한 갈망이 생기기 시작했다. 시골은 서울처럼 버스가 자주 있지 않으며, 첫차도 7시는 되어야 운행하기 때문이다. 그래서 일찌감치 서울에 올라가야 하는 날이면 무조건 남편의 도움을 받아야만 터미널까지 갈 수 있었다. 어떤 날은 남편이 서울까지 출근을 시켜주기도 했는데, 왔다 갔다 하는 데만 무려 세 시간이 걸리는 탓에 남편의 하루가 사라져 버리고 말았다.

본의 아니게 묶여버린 나의 발을 자유롭게 만들고 싶었다. 더는 안 되겠다는 생각에 남편에게 SOS를 쳤고 남편은 기다렸다는 듯이 운전을 가르쳐주겠노라 답했다. 그렇게 운전 연수 디데이. 다행스럽게도 시골은 시내만 벗어나면 도로가 꽤 한적하다. 어떤 곳은 종일 차들의 통행이 없기도 하다. 남편은 나를 그런 장소로 데려가 본격적인 운전 연습을 시작했다.

걱정과 달리 처음에는 곧잘 했기 때문에, 남편은 차들이 조금 더 오고 가는 곳으로 나가보자는 제안을 했고 나 역시 꼭 다시 운전할 거라는 마음으로 동의했다. 드디어 해당 도로에 진입했는데, 동시에 멘탈이 나가버렸다. 붙잡기엔 이미 저 멀리 날아가 버렸고, 남편은 그런 나를 불안한 눈빛으로 바라봤다.

"지금 차선 바꿔야 해. 빨리빨리."

"너 고속도로 탈 거야? 빨리 옆으로 가라고! 아니면 그냥 옆에 세워!"

마음이 급해진 남편의 말투는 격양됐다. 남편의 말소리가 들리긴 했지만 이미 손과 발은 내 것이 아닌 듯했다. 무서웠다. 나의 의지를 공포가 짓누르고 있었다. 더는 안 되겠는지 남편은 버럭 소리를 질렀고 나는 참고 참던 눈물을 쏟아냈다.

"무섭단 말이야."

내가 울어도 이 상황을 해결해야 했기에, 남편은 창문을 열고 옆 차에 신호를 보냈다. 친절하게도 주변 차들이 양보해 준 덕분에 어렵사리 핸들을 돌려 갓길에 차를 세울 수 있었다. 남편은 빠르게 나와 자리를 바꿔 앉은 뒤 주행을 이어갔고, 부르르 떨고 있는 내 손을 잡았다. 그제야 안심하며 또 엉엉 울었다.

"나 운전 안 할래. 그냥 버스 탈래."

남편에게도 이 일이 호된 경험이었는지 그게 오래 사는 길이겠다면서 한숨을 내쉬었다. 그 뒤 운전도 포기했고, 더는 남편 찬스도 쓸 수 없는 나에게는 버스 시간을 확인해서 버스표를 예매하는 일이 중요한 일과 중 하나가 되었다.

그런데 웬걸? 버스 예매가 이렇게 어려운 거였다고? 아침 시간대에 서울 고속 버스터미널을 가는 사람이 왜 이렇게 많은 건지, 예매가 오픈됨과 동시에 매진 행렬이었다. 정말 오픈런이 따로 없었다. 오픈런은 콘서트 예매나 명품을 살 때만 해당하는 이야기인 줄 알았는데, 버스표 오픈런이라니. 그러나 어쩌겠는가. 이가 없으면 잇몸으로 살아야지. 그래서 장롱면허인 나는 오늘도 버스표 오픈런을 하기 위해 예약이 열리는 시간만을 기다린다. 젠장.

전원생활 로망?
폭망!

시골집을 마련하면서
가장 행복했던 건 인테리어 과정이었다. 하나부터 열까지 내 마음 가는 대로, 내 뜻대로 자유롭게 선택하고 결정할 수 있어서다. 시골집을 리모델링할 때 가장 중요하게 생각한 부분은 통창이었다. 아침에는 따사로운 햇살을 맞으며 눈을 뜨고 싶었고, 저녁에는 해지는 노을을 바라보며 좋아하는 노래 한 곡 듣는 게 로망이었다. 그중에서도 주방의 창은 꼭 시원하게 뻥 뚫렸으면 하고 바랐다. 설거지하는 동안 사계절을 눈과 귀에 그대로 담아내고 싶었다(물론 선택과 결정에는 비용이 뒤따랐지만).

공사가 마무리된 시골집은 나의 바람대로 어딜 가도 통창이 자리하고 있었다. 큰 방에 들어서도 커다란 창문이 있었고, 거실로 향하는 복도에도 두 개의 창문이 바람을 들여주고 있었다. 주방 역시 통창이 푸릇푸릇한 나무를 한 아름 품어내고 있었다.

통창은 제 역할을 잘 해내고 있었다. 그러나 공사하는 기간 내내 마을 어르신들이 수시로 드나들면서 이 통창이 사달이 되고 말았다.

문제의 그날은 내가 이사 전 청소를 하기 위해 내려와 있던 날이었다. 워낙 청소에 진심을 쏟는 편이라서 그날도 열심히 쓸고 닦고 정리하기에 몰두해 있었다. 그렇게 정신이 팔렸던 찰나! 갑자기 등 뒤가 싸늘해짐을 느꼈다. 누군가 왔다 갔다 하는 듯한 느낌이랄까. 에이, 설마! 귀… 귀신 아니야? 다시 서울로 올라가야 하나. 무서워…. 그 짧은 시간에 오만 가지 생각을 하며 뒤를 돈 순간, 통창으로 어르신 두 분이 두리번두리번하시면서 내부를 들여다보고 계시는 게 아닌가.

"아니, 이 대문짝만한 게 창문이랴?"
"그렇다는구먼."
"이렇게 창문을 크게 만들면 기름 많이 먹을 텐데."
"그러게, 곱절은 더 나올 거여. 왜 이렇게 크게 만들었디야?"

놀란 마음을 추스르고 급하게 나가 인사를 했다. 물어보는 질문들에 답변을 다 해드리고 들어오는데 이게 지금 무슨 상황이지 싶었다. 서울 같았으면 난리가 나도 벌써 났을 상황이었으리라. 그런데 아무 일 없었다는 듯 돌아가시는 뒷모습을 보니, 당황스럽기 그지없었다.

시골은 서로 간에 편하게 오픈하며 지낸다고 하지만, 그 문화에 적응하기에 어려웠던 나는 돌담이든 울타리든 뭐라도 세우고 싶은 마음이 들었다. 그 마음을 곧장 실천으로 옮겨, 집 앞에 문패가 생기게 됐다.

문의가 있으면 전화 주세요(010-0000-0000).

하지만 이후에도 어르신들은 아랑곳하지 않고 통창을 통해 집안을 기웃기웃했으며, 나는 깜짝깜짝 놀랐다. 그야말로 통창의 쓰임이 이상하게 변화한 셈이다. 문패가 통하지 않자 우리는 추가로 울타리까지 설치했다.

그러던 어느 날, 동네 분도 아닌 외부인이 무단으로 우리 집에 들어오는 일이 발생했다. 당시 집에는 남편이 혼자 있었는데, 그 외부인은 아무렇지 않다는 듯 마당 안으로 들어온 뒤 통창에 얼굴을 붙이고선 내부를 살펴봤단다. 그러다 남편과 눈이 마주쳤지만, 미안하다는 말 한마디 없이 유유히 사라졌다고.

결국 경찰까지 오는 상황까지 벌어지고 말았다. 이후 외부인이 경찰에게 했던 진술을 들어보니, 집이 너무 예뻐서 들어와 봤다면서, 시골에선 다 이렇게 그냥 들어가서 구경한다는, 말도 안 되는 말을 했단다. 본인이 무슨 잘못을 했는지 전혀 모르는 눈치에 남편은 더 화가 났으며, 만약 자신이 아닌 내가 혼자 집에 있었다면 더 큰 문제였다면서 항의했다고 한다.

시골은 옆집 밥숟가락이 몇 개인지, 아랫집 닭이 오늘 알을 몇 개나 낳았는지 다 알 정도로 정이 넘친다. 그 정이 싫지 않다. 다만 집주인이 열어주지 않았는데 남의 집에 불쑥불쑥 들어가 내부를 살펴보는 건 상식적으로 안 되는 일이다. 그럼에도 들여다봤다면 사과 정도는 해야 하는 게 아닐까. 이후 우리는 집 앞에 이런 내용의 입간판을 설치했다.

외부인의 출입을 철저하게 금지합니다.
무단출입 시 민·형사상의 책임을 물을 수 있습니다.
문의가 있으면 전화 주세요(010-0000-0000).

더 이상 사생활을 방해받고 싶지 않았기에, 통창에 블라인드와 커튼까지 설치했다. 내 로망이었던 통창은 그렇게 한 달도 채우지 못한 채 가려졌다.

할머니,
우리 망한 거 아니야

"윗집 부부 있잖유. 새댁이 어디 아파서 내려온 거라던디? 어디가 아프대?"

"남편이 하던 일이 망해서 내려왔다는 말도 있던디."

"집도 팔고 차도 다 팔고 내려온 거랴."

"피디, 작가라던데 뭘 했길래 망했디야?"

시골에 내려오기 전 우리 부부를 둘러싼 소문은 참 무성했다. 누군가 한마디를 하면 그게 또 꼬리에 꼬리를 물고 퍼져 나갔다. 그런데 재미있는 건, 위의 내용과 전혀 반대되는 소문도 있었다는 거다.

"돈을 벌어도 엄청나게 벌었대. 그 돈으로 집 산 거라는디?"

"인테리어 하는 데만 3억 넘게 들었디야."

"집도 엄청 비싸게 주고 샀다는디. 돈이 얼마나 많으면 두 채를 다 샀디야."

"엄청 유명한 작가, 피디라는구먼."

돈이 많다는 소문은 급기야 엄청 유명한 타이틀까지 달린 작가와 피디로 만들어 주었다. 그러던 어느 날 할머니에게서 전화 한 통이 걸려 왔다. 집에 좀 들르라는 전화였다. 갑자기 왜 찾으실까 하는 의아함을 안고 할머니 댁을 찾았다. 도착해서 차에서 내리려는데, 할머니가 오셔서 뒷좌석에 올라타시는 게 아닌가.

"너희 이사 왔다는 집이 어디여. 거 좀 가 보자."

갑작스러운 상황이었지만 일단 할머니와 함께 우리 집으로 향했다. 가는 동안 할머니는 창밖만 내다보실 뿐, 아무런 말씀도 없으셨다.

무슨 일이지 싶은 마음을 안고 도착한 집 앞, 할머니는 단숨에 차에서 내리신 뒤 집을 둘러보기 시작하셨다. 두 집을 오가며, 얼마나 둘러보셨을까. 할머니가 입을 떼셨다.

"휴, 커피 좀 타 봐라."

부랴부랴 물을 끓이고 커피를 타서 평상에 앉았다. 그러고는 물었다. 도대체 무슨 일이신 거냐고. 자초지종을 들어보니, 꼬리에 꼬리를 물고 퍼지던 소문이 할머니께도 들어간 모양이었다. 너희 망해서 내려왔다는 소문이 당진 바닥에 파다하다고, 잘하던 일 안 하고 시골엔 뭣 하러 오냐고, 너희 차 두 대였지 않냐면서 한 대는 어디에 있냐고, 진짜 망해서 판 거냐고. 할머니의 질문은 꼬리를 물고 이어졌다.

그제야 할머니가 왜 소문을 사실로 생각하셨을지 깨달았다. 5도 2촌을 결정하기 전 우리는 차가 두 대였다. 아이를 낳지 않는 대신 지금 우리 나이에 하고 싶은 건 하면서 살자는 생각에 세컨드카(스포츠카)를 마련한 것이다. 그런데 그 차가 당진에 내려오면서 보이지 않자, 정말 망해서 다 팔고 내려온 건가 생각하신 거다. 그래서 차근차근 할머니께 설명해 드리기 시작했다.

"할머니, 우리 망한 거 아니야. 차는 원래 작은 차가 두 대였는데, 그 뚜껑 열리는 걸(스포츠카) 팔고 큰 차 한 대로 바꾼 거야. 지금 우리 타는 차가 예전에 타던 차보다 커졌잖아. 그렇지?"

할머니는 우리 차 쪽으로 눈을 돌렸다. 불안했던 표정이 조금씩 달라지는 게 보였다.

"그리고 진~~~짜 망한 거 아니고 우리 계속 일하고 있고 월

급도 받고 있다고! 그러니까 제발 걱정하지 말아요."

그렇게 말하니 할머니는 그제야 안심하신 듯 고개를 끄덕이며 앞에 있는 커피를 홀짝이셨다. 그러고는 망한 게 아니면 됐다고, 진짜 망해서 시골에 온 줄 알았다면서 안도의 한숨을 내쉬셨다. 그때 옆에 있던 남편이 쿨하게 한마디를 덧붙였다.

"요즘 시골에 집 사려면 얼마나 비싸게요~ 망하면 시골 못 내려와요. 그러니 걱정하지 마세요."

그 뒤로 우리는 마을회관에 어르신들이 모일 때면 찾아가 소문에 대한 진실을 말씀드리곤 했다. 그럴 때면 "아~ 그런 것이여?", "괜한 소문이었구먼!"이라고 반응하셨는데, 그럼에도 다음에 만나면 또 다른 소문을 듣고 왔다면서 진짜냐고 물어보셨다.

여전히 황당한 소문도, 재미있는 소문도, 가끔은 진짜인 이야기도 있어 신기했다. 무엇보다 어르신들의 꼬리에 꼬리를 무는 소문은 결국 우리를 향한 관심이 아닐까 싶어 괜스레 기분이 좋기도 했다. 어르신들은 이제 궁금한 게 생기면 바로바로 찾아와 물어보신다. 참 다행이다. 그 덕에 어떤 소문이든 할머니 귀에 들어갈 걱정은 사라졌으니.

다시
심장이 뛴다

5도 2촌을 시작한 지
한 달 정도가 지났을까. 남편이 하나의 제안을 해 왔다.

"우리가 서울에 올라갔을 때, 이 집이 비잖아. 그때마다 이 집을 스테이로 사람들에게 빌려주면 어때? 내가 좀 알아보니까 농어촌민박이라는 게 있더라고."

농어촌민박은 「농어촌 지역 또는 준 농어촌 지역의 주민이 소유 및 거주하고 있는 주택을 이용하여 농어촌의 소득을 늘릴 목적으로 투숙객에게 숙박, 취사 시설 등을 제공하는 사업제도」, 즉 내가 살고 있는 집을 사용해 수익을 낼 수 있는 사업이란 말이다. 언제 남편이 이런 걸 생각한 건지 기특했다. 그리고 평소 결정이 두드러지게 빠른 나는, 단번에 오케이를 외쳤다.

그렇게 우리의 스테이 도전기가 시작됐다. 하지만 자영업의 길이 원래 이토록 험난한 것인가. 단순히 집을 빌려준다는 개념에 그치지 않았다. 우리 집을 스테이로 이용하기 위해선 방문하는 손님들을 위해 내부에 채워 넣어야 할 것이 정말 많았다. 침대며 에어컨, 식탁, 집기 등등 하나부터 열까지 다 구매해야 하는 것들뿐이었다. 게다가 챙겨야 할 것도 많았다. 예약받는 방법부터 우리 숙소가 여기 있다고 알리는 일까지.

너무 단순하게 생각하고 오케이를 했던 건 아닌지 수십 번도 더 후회했다. 하지만 새로운 일 안에서 하나하나 해결해 나간다는 것 자체가 즐겁기도 했다. 무엇보다 처음이었다. 방송국이 아닌 공간에서 내가 할 수 있는 일을 찾은 것 말이다.

방송국에 입사해 첫 출근을 하던 날은, 유독 눈이 많이 왔다. 도로를 소복하게 덮은 하얀 눈에 마음도 설렜다. 출근하면 가장 먼저 만나게 될 사람은 누구일까. 어떤 업무를 배우게 될까. 앞으로 나는 어떤 작가로 성장하게 될까. 수많은 기대로 심장이 뛰었다.

계단을 올라 방송국에 첫발을 디디던 순간, 그때를 오래도록 기억하고 있다. 쌓인 눈을 사람들이 하도 밟고 다녀서 그런지 계단 곳곳에는 살얼음이 박혀 있었다. 자칫하면 미끄러질 것 같아

발에 단단히 힘을 주고 올랐다. 마치 부목을 댄 듯 상체를 꼿꼿하게 편 채로 말이다. 그렇게 20대의 첫 직장 생활이 시작되었다.

그때와 동일한 감정을 느껴본 적이 없었다. 그럴 수밖에 없는 것이 새로운 무언가를 시작해 본 적도, 시작할 거라는 생각을 해본 적도 없었기 때문이다. 성공하기 위해선 한 우물만 파야 한다고 생각했던 게 나였다. 그래서 동생이 "네일아트를 배워 보고 싶어.", "미술학원 다녀볼까?", "빵 만드는 일 잘할 자신 있는데!"라고 말할 때마다 "한 분야에서 최고가 될 생각을 해야지. 자꾸 왜 다른 쪽으로 눈을 돌리는 거야? 하나만 잘해. 하나만!"이라는 말로 다그치기 일쑤였다.

그런데 서른일곱이 된 지금, 나의 심장이 다시 뛴다. 스테이의 이름을 짓던 날, 농어촌민박이라는 사업자 등록증이 나온 날, 네이버에 스테이 이름이 등록된 날, 첫 손님이 예약을 한 날, 첫 손님이 남겨준 첫 후기를 본 날, 이렇게 새로운 일을 하나씩 겪으며 설렘을 느끼고 있다. 한 우물만 파라며 동생을 다그치던 지난날을 반성하면서, 방송국이 아닌 곳에서 가슴 뛰는 경험을 쌓아가고 있다. 이런 경험이 내 40대를 더 단단히 뒷받침해 줄 것을 기대하며.

서프라이즈!

5도 2촌을 시작하면서

남편은 서울에 있는 것보다 시골에 있는 시간이 좋으니, 촬영이 있을 때만 서울로 움직였고 편집도 가급적 시골집에서 하는 방안을 강구하기 시작했다. 하지만 나는 매주 생방송을 하고 있을 때였기에 평일은 무조건 출근해야 했다. 이런 상황이다 보니 나는 금요일 일과가 끝나고 나서야 막차를 타고 당진에 내려갈 수 있게 됐고, 그렇게 우리는 졸지에 주말부부가 됐다.

하루는 금요일 회의가 목요일로 당겨지면서 하루 일찍, 목요일에 당진으로 내려갈 수 있게 됐다. 속으로 '아싸, 좋다!'라고 외치면서 목요일 회의를 마친 뒤 막차를 타고 내려갔는데, 서프라이즈를 하겠다는 일념으로 남편에게는 미리 연락하지 않았다. 남편은 내가 당연히 금요일 막차를 타고 올 거라고 알고 있으리라. 놀라 자빠지는 남편의 표정을 볼 수 있겠군. 크크. 남편 모습을 상상하는 걸 뒤로 하고, 매콤한 오돌뼈와 소주를 야식 메뉴로 고르며 신이 나서 시골로 향했다. 한 시간 반을 달려 드디어 도착한 당진.

띡띡띡띡. 거침없이 현관문 비밀번호를 누르고 들어갔다. 역시나 남편은 깜짝 놀라서 방에서 뛰어나오고 있었다. 이렇게 반갑게 날 맞으러 나와주다니, 싶던 찰나!
"깜짝 놀랐잖아. 왜 왔어? 내일 오는 거 아니야?"
뭐라고? 왜 왔어, 라니? 지금 그게 네 입에서 튀어나와야 했을 말이니? 게다가 저 불만족스럽다는 표정은 또 뭐야? 나를 반겨주지 않는 남편에게 뿔이 났다. 뒤늦게 분위기를 파악한 남편은 수습하려 애썼다. "아니, 말도 없이 갑자기 들이닥치니까 놀라서 그렇지. 오면 온다고 말이라도 하지. 그럼 데리러 나갔을 텐데…."라고, 뒷말을 흐리면서 말이다.

그동안 서울에서 남편은 쉬는 날 없이 달려온 가장이었다. 먹여 살려야 할 자식은 없었지만, 철부지 아내를 책임지며 방송국 피디로 살기란 여간 쉽지 않았을 것이다. 특히 그의 일에는 출장이라는 변수가 늘 존재했기에 사무실에서 근무하는 나보다 더 벅찬 일정이었다. 가끔은 보름에서 더 길게는 한 달 넘는 해외 출장도 가게 되니 말이다. 한번은 장기 해외 출장을 간 남편의 직장 동료(나와도 잘 아는 피디)에게서 연락이 왔다.

[민석이가 지금 많이 아픈 것 같아요. 약을 먹이긴 했는데 몸살이 난 건지 열이 펄펄 끓네요]

타지에 나가 있는 남편이 아프다는 연락을 받으니 여간 신경이 쓰이는 게 아니었다. 그것도 남편이 아닌 동료에게 받은 연락이라 더 걱정이 앞섰다.
'얼마나 아프길래 연락도 못 하는 거야.'
아무리 카톡을 남겨도 숫자 1은 사라지지 않았고, 하루이틀이 지나도 남편에게선 아무 연락도 없었다. 이제 걱정을 넘어 불안으로까지 이어졌다. 내일까지 연락이 오지 않으면 소식을 알려준 그의 직장 동료에게 연락할 참이었다. 속앓이하다 잠들려던 때 남편에게서 보이스톡이 걸려 왔다. 서둘러 받아 통화가 연결되자마자 버럭 소리부터 질렀다.
"왜 그렇게 연락이 안 돼! 아프다며 괜찮은 거야? 어디가 얼마나 아픈데? 열은 떨어졌어? 거기서 병원은 간 거야? 아니 진짜! 그렇게 걱정시키고 다닐 거면 일 때려치워!"

그때 남편의 한마디가 나를 울렸다.

"정말? 때려치워도 돼?"

진짜 한없이 졸이던 마음이 안심돼, 눈물이 났다. 물론 그 뒤에도 남편은 쉽지 않은 해외 출장을 수십 번은 더 나갔고 피디라는 직업을 몇 년 더 했다.

몸이 아파도 마음대로 쉬지 못하며 달려온 그였다. 그런 남편에게 내가 없는 평일은 그간 경험해 보지 못한 자유를 오롯이 만끽할 수 있는 시간이었을 거다. 게임도 하고 밤새 웹툰도 볼 수 있는 시간. 내가 하루나 일찍 왔다니 그 소중한 자유 시간이 깨져 버린 느낌이었겠지, 라며 이해하는 마음이 들었다. 하지만 집에 온 아내에게 불만스러운 표정을 보이던 남편의 모습이 잊히지 않았다. 그렇게 서프라이즈는 서운함만 남기고 끝이 났다.

주말을 당진에서 보내고 서울로 올라가는 날. 기분 탓인지 남편이 유독 활기차 보였다.

"나 서울 가니까 좋냐?"

"아냐 아냐, 여보가 우리 집 가장인데 내가 뭐라도 해 줄 게 있나 찾아보느라 그런 거지."

"말은 아주 청산유수다. 솔직히 말해 봐! 나 빨리 서울 보내고 놀려고 그러지?"

"그럴 리가! 자, 우리 집 가장, 홍삼 하나 먹어! 이건 가장만 먹을 수 있어. 난 못 먹어."

말이라도 못하면 밉지나 않지, 싶다가도 귀여워서 웃음이 났다. 곧 자유 남편이 될 그가 준 홍삼을 받아먹고는 서울 가는 새벽 버스에 올라탔다. 그리고 남편에게 문자를 보냈다.

[내가 언제 또 서프라이즈 할지 몰라! 항상 대기해]

그리고 답이 왔다.

[오케이! 우리 집 가장, 안뇽~]

피식하고 미소가 지어졌다. 당진에 오고 난 뒤, 우리 일상에는 작은 변화가 생기고 있다. 같이 마주 앉아 야식을 뭘 먹을까에 대한 열띤 논의를 한다거나 출근하는 아내를 위해 홍삼을 챙겨 준다거나 별거 아닌 남편의 문자 하나에 미소 짓는 것처럼 이전에는 미처 몰랐던 소소한 일상, 선물 같은 일상을 보내고 있다. 이제야 비로소 우리의 삶이 안녕해진 것 같다.

밭두렁에
박힌 차

스테이를 운영한 지 어느덧 석 달째에 접어들었다. 그사이 바뀐 것이 있다면 남편은 15년간 몸담았던 방송국을 완벽하게 떠나, 당진으로 거처를 옮기게 됐다는 것이다. 그리고 진정한 스테이 사장님으로 거듭나게 됐다는 것(지금 생각해 보면 스테이를 해 보자는 제안을 했던 건 남편의 큰 그림이 아니었을까 싶다).

그러던 어느 날 잊지 못할 손님이 찾아왔다. 부부 혹은 연인으로 보이는 두 사람이었다. 나이는 우리 또래쯤으로 돼 보였다. 첫 연박 손님이기도 했다. 우리 숙소에서 연박이라니! 신기함 반, 감사함 반의 마음으로 더 정성 들여 준비하고 응대했다.

그렇게 첫날은 여느 손님들과 마찬가지로 아무 일 없이 지나갔다.

문제는 다음 날 저녁부터였다. 그날은 아랫집 기영이 삼촌과 술잔을 기울이기로 약속한 날이었고 우리 세 사람은 자유를 만끽하고 있었다. 그때 "악!!" 하는 여자의 비명이 들렸다. 우리는 들던 잔을 내려놓고는 귀를 쫑긋했다. 그리고 이어서 와장창창! 깨져도 뭔가 대찬 것이 깨졌다는 걸 직감할 수 있을 정도의 큰 소리였다.

"야! 윗집 무슨 일이야? 안 올라가 봐도 되겠어?"

놀란 기영이 삼촌의 말이 채 끝나기도 전에 남편은 달려가고 있었다. 그리고 몇 분 뒤 혀를 내두르며 내려왔다.

"둘이 싸우는 것 같아요. 내가 더 끼어들면 안 될 것 같아서 일단 진정만 시키고 내려왔어."

그랬다. 둘은 부부가 아니라 오래된 연인인데, 남자가 저녁을 먹다가 술이 과해져서는 큰소리를 치고 고기 굽던 전기 그릴을 집어던져 버렸다는 것이다. 남편이 보고 듣고 온 상황으로는 아마도 전기 그릴은 더 이상 못 쓰게 됐을 거란다. 일단 두 사람이 진정됐다면 다행이지, 라고 생각하며 다시 술잔을 들던 그 순간.

부왕! 부와-앙!

차 바퀴가 겉도는 소리가 들려왔다. 놀란 우리는 약속이라도 한 듯 밖으로 뛰쳐나갔다. 그리고 눈앞에 펼쳐진 상황에 동공이 흔들렸다.

'어떻게 이런 일이?'

믿을 수가 없었다. 차 한 대가 기영이 삼촌네 밭두렁에 빠지고 만 것이다. 시골길은 좁고 울퉁불퉁하다. 특히 우리 집은 마을에서 가장 높은 곳에 자리하기 때문에 경사가 제법 있다. 그런데 그 길을 내려오다가 차가 그대로 밭으로 빠지고 만 것이다. 게다가 운전자는 좀 전까지 싸우던 두 사람 중 여자였다. 홧김에 남자 친구를 두고 서울로 갈 참이었다는 것이다. 우리는 여자 손님에게 진정하라고 다독인 뒤 밭에 빠진 차를 빼기 위해 안간힘을 썼다.

부왕! 부와----앙! 우아앙!

긴 시간 핸들을 이쪽저쪽으로 돌리고, 액셀러레이터와 브레이크를 밟으며 실랑이한 끝에 다행히 차는 밭에서 빠져나왔다. 그 사이 스테이에 남겨진 남자는 술에 취해 잠든 것인지 조용했고, 여자는 아직도 분노가 가라앉지 않는지 씩씩거렸다. 갑자기 남편은 여자의 하소연을 들어주기로 마음먹은 건지 질문을 던졌다.

"무슨 일이 있으셨던 거예요? 괜찮으신 거죠?"

"아니, 남자 친구랑 진짜 오랜만에 놀러 왔거든요. 근데 와서는 종일 잠만 자는 거예요. 어디 나가자고 해도 나가지도 않고 저 오늘 종일 스테이 안에서 TV만 봤다니까요. 이럴 거면 여행은 왜 와요? 안 그래요?"

"그렇죠. 왜 그러셨대."

"그래서 서운하다고 얘기했더니 물건 던지고 난리 치는 거예요. 성질이 왜 저런지 모르겠어요."

그렇게 여자는 한 시간 남짓 남자 친구의 욕을 하다가 하품했다. 그러더니 내일이면 미안하다고 빌 거라며, 이제 가서 자보겠다고 인사하며 들어갔다. 남편은 여자의 마지막 말에 허무했는지 술잔을 들고 말했다.

"저렇게 말하고 가면 여태 하소연 들어주면서 같이 욕한 우리는 뭐가 되는 거야?"

우리 세 사람은 짠도 하지 않고 각자 원샷을 했다. 소주가 식어서였을까. 쓰디썼다.

덧붙이기.

지금도 그날을 생각하면 천만다행인 게 하나 있다. 차가 밭으로 빠졌다는 것. 바로 옆에 삼촌네 닭장이 있었는데, 조금만 방향을 틀어서 빠졌더라면, 으~ 끔찍해. 술 마시다 말고 닭 잡으러 다닐 뻔. 정말 십년감수했다(고객님, 지금 와서 말씀드리지만 망가진 전기 그릴은 제 돈으로 샀어요. 흑흑…).

누구나
사정이 있다

남편과 시골에 와서 처음으로 쌀국수를 먹으러 간 날이었다. 우리는 늘 술을 마시면 쌀국수로 해장하던 버릇이 있었고, 그날도 전날 먹은 술을 해장하기 위해 쌀국수가 한시라도 빨리 필요한 시점이었다(우리 부부는 술을 좋아해도 너무 좋아한다). 그런데 당진은 쌀국수 한번 먹으려면 시내까지 나가야 한다는 번거로움이 있었다. 게다가 쌀국수 전문점도 몇 개 없고 심지어 오픈 시간도 상당히 늦은 편이었다. 몇 곳을 수소문해 전화한 끝에 문을 연 곳을 찾아냈고 바로 달려갔다.

당진에서 맛보는 첫 쌀국수였다. 손님이 있는 테이블은 단 우리뿐이었고 매장 안은 조용했다. 음식을 기다리는데 적막을 깨는 주문 전화가 들어왔다. 주위가 워낙 조용해서 어쩔 수 없이 전화 내용을 듣게 됐다. 듣다 보니 직업병이 발동한 탓인지 꽤 집중하게 됐고, 사장님의 답변을 통해 통화 내용을 유추하기 시작했다.

그 내용을 간단히 정리해 보면
씹기 쉽도록 면을 잘게 잘라 달라는 것,
숙주도 잘게 다져 달라는 것,
국물은 너무 뜨겁지 않게 해줄 것이며,
고수도 다져서 함께 보내 달라는 것
등등의 은근히 까다로운 조건들이었다.

대충의 통화 내용 유추가 끝나기가 무섭게 욕하기에 바빴다. 이럴 때는 참 부부 아니랄까 봐 합이 맞아도 너무 척척 잘 맞는다.
"쌀국수 하나를 저렇게 까다롭게 시킬 일이야?"
"아기가 먹을 거 시키나? 직접 좀 잘라 먹지."
"아니, 쌀국수를 먹는데 국물을 안 뜨겁게 먹을 거면 왜 먹이?"
"사장님도 힘드시겠다."

통화는 한참 이어졌고 마침내 수화기를 내려놓는 사장님은 한숨을 내쉬었다. 그사이 우리 음식은 식탁에 가지런히 놓였다. 막 먹기 시작하려는데 경쾌한 종소리와 함께 중년의 여성이 매장 안으로 들어왔다. 주문한 음식을 찾으러 온 듯했다. 우리는 서로 눈을 마주치면서 '저 사람이 아까 그 사람인가 보다. 진상!'이라며 사인을 주고받은 뒤 먹는 데 집중하고 있었다. 그런데 그때.

"제가 전화로 너무 많은 걸 요구했죠. 사실 저희 어머니가 연세가 많으신데 오늘 수술하고 나오셨어요. 그런데 여기 쌀국수를 꼭 드시고 싶다고 하시잖아요. 너무 번거롭게 해드려서 죄송해요."

우리의 눈은 휘둥그레졌고, 고개는 점점 쌀국수 그릇 쪽으로 떨어졌다. 그렇게 말없이 쌀국수만 흡입했던 우리는, 가게를 나가며 깊이 반성했다.

"상황도 모르면서 욕부터 하다니."

그러고는 누가 먼저랄 것도 없이, 뭣도 모른 채 욕부터 했던 주둥이를 세게 때려 주었다.

거기는
인터넷 쓰는 사람 없는데요

와이파이 : aaa_1234567

비번 : bbb_1234567

이런 문구를 어디서나 자주 본다. 도시에서는 인터넷을 자유롭게 연결해서 사용할 수 있는 곳이 대부분이다. 즉 와이파이가 안 되는 곳을 찾는 게 더 어렵다는 말이기도 하다. 하지만 당진에 오고 난 뒤 놀랐던 점은 와이파이는커녕 스마트폰도 잘 터지지 않는 곳이 있다는 것이었다.

시내에 나가면 와이파이를 사용하는 곳들이 많았지만, 집에 들어오면 인터넷 연결 속도가 느렸고 통화하다가 연결이 뚝뚝 끊기기도 했다. 경험해 보지 못한 일에 답답해진 나는 이유를 알고 싶어 KT에 연락했는데 돌아오는 답은 간단했다.

"그 마을에는 인터넷을 쓰는 사람이 없어요."

우리 마을인 칠절리는 인터넷을 쓰는 사람이 없기에 기지국조차 존재하지 않아, 당연히 와이파이가 잡히려야 잡힐 수가 없던 것이다.

칠절리로 말할 것 같으면, 전국에서 가장 적은 인구가 거주하는 동네로 총 70명의 주민이 살고 있다. 그중 가장 어린(?) 어르신이 최근 환갑이었다고 알고 있다. 그렇다 보니 집 전화를 더 많이 사용하셨고, 휴대폰이 있더라도 예전에 나온 폴더폰이 대부분이었다. 당연히 노트북을 사용하는 분들도 없었다.

결국 우리 마을 최초로 와이파이를 설치해야 하는 상황에 이르렀는데, 그 과정은 험난했다. 일단 전봇대를 심는 것부터 이뤄져야 하는데 설치 비용이 어마어마했다. KT에서 조금은 지원해 준다고 했지만, 사용하는 인구가 딱 우리뿐이기 때문에 전적으로 비용을 내야 했다. 그럼에도 노트북과 스마트폰을 엄청나게 사용하는 만큼 와이파이가 절실했기에, 설치를 결정했다.

드디어 전봇대를 심는 날, 마을 분들이 또 어떻게 아셨는지 우르르 우리 집으로 모여들었다.

"뭐 하는 거여? 전봇대는 왜 심는디야?"

"전화 잘만 되는데 왜 안 된다고 이런 걸 돈 들여서 심는디야?"

"인터넷? 그게 뭣 하러 필요해?"

모인 어르신들이 한마디씩 거들었다. 그분들에게 와이파이에 대해 설명해 드리기에 바빴고, 우리는 칠절리 최초 와이파이 설치자가 되는 쾌거(?)를 안았다.

5도 2촌을 계획할 때 많은 것을 염두에 두고 고민하고 설계하고 계획했다. 그래서 나름 철저히 대비했다고 생각했지만, 시골에서 생기는 변수는 너무나 많았고, 예측하지 못한 상황들을 만날 때마다 당황할 수밖에 없었다.

와이파이는 시작에 불과했다. 시골집이다 보니, 마땅히 주차할 공간이 없었다. 도로를 피해 협소한 공간에 주차해야만 했는데, 그럴 때마다 나뭇가지가 떨어져 차에 흠집을 낸다거나, 비가 많이 오는 날에는 차 바퀴가 흙탕물에 빠져 만신창이가 되기도 했다.

몇 달 동안 고심한 끝에 집 앞에 제대로 된 주차장을 만들기로 결심하고, 호기롭게 도면까지 쫙쫙 그려가면서 구상했다. 주차장 지붕을 집 지붕과 마찬가지로 빨간색으로 하겠다면서 신이 나서 말이다. 며칠에 걸쳐 나의 구상대로 공사가 척척 이뤄졌다. 점점 뼈대를 갖추고 모습을 갖춰 갔다. 예쁜 조명을 골라 천장에 부착했다. 밤에는 은은하게 마당을 수놓을 수 있도록 트리에 달면 좋을 법한 전등도 달았다.

완성된 주차장은 나름 만족스러웠다. 서울에 있을 때 개인 차고지가 있는 집이 그렇게 부러웠는데, 우리도 그런 차고지가 생겼다면서 어깨가 으쓱해졌다. 시청을 방문하기 전까지는.

시청에 간 건 확인할 서류가 있어서였다. 그때 마당에 수영장을 만들 계획을 하고 있기도 해서, 간 김에 크기를 어떻게 하면 좋을지, 혹여 땅을 파는 행위가 문제 되지는 않을지를 확인해 보기로 했다. 담당 주무관을 만나 이것저것 물어보니 다행히 수영장을 만드는 데에 법적으로 문제 되는 부분은 없었다.

그런데 로드뷰를 살펴보던 주무관이 고개를 갸우뚱했다.

"주차장 새로 만드신 거죠? 근데 이거… 철거해야겠는데요?"

남편과 나는 아무 말을 할 수 없었다. 만든 지 몇 달이나 됐다고, 게다가 그렇게 바라던 개인 차고지인데….

"왜요? 왜? 주차장이 뭐가 문제죠?"

"지붕이 문제예요. 지붕이 있으면 이건 건축물로 보거든요. 그럼 불법 건축물이 될 수 있어요."

하… 정말 멘탈이 바사삭 부서지는 느낌이었다. 하지만 법적으로 문제가 있다니 철거를 안 할 수도 없어 다른 방법을 찾아야만 했다.

"지붕만 문제인 건가요?"

"네, 지붕이 없으면 괜찮습니다."

결국 다시 공사 날짜를 잡았다. 이럴 줄 알았으면 미리 시청에 확인할 걸 그랬다고 뒤늦게 생각했지만 이미 벌어진 일이니 어쩔 수 없었다. 결국 돈을 들여 지은 주차장을 다시 돈을 들여 철거하고 말았다.

전원생활을 시작하면서 정말 예상치 못한 많은 일을 접했다. 솔직히 서울보다 더 신경 쓸 것들이 많고 제약도 많다. 미리미리 확인하지 못하면 생각지도 못한 것들이 불법으로 인정돼 벌금을 맞기도 한다. 하지만 어쩌랴, 당진에 왔으면 당진 법을 따라야지. 전원생활의 로망을 실현함과 동시에 잘 유지하기 위한 첫 번째 조건이 된 셈이다. 이젠 일단 궁금한 게 생기면 시청에 전화부터 건다.

"박 주무관님이시죠? 이번에 저희가…."

그럼에도
달디단

맛있었다!
서울에서 사 먹던 것보다 더.
손맛에 따스한 정이 한 숟가락 더 들어서일까.
그 진한 맛을 잊을 수가 없다.

칠절리
막내의 활약

"아아! 이장입니다. 오늘 점심은 마을회관에서 삼계탕을 준비할 예정이오니, 마을회관으로 모여 주세요! 다시 한번 알립니다. 오늘 점심은 우리 마을에 새로 이사 온 부부가 삼계탕을 대접한다고 하오니, 한 분도 빠짐없이 마을회관으로 와 주세요!"

무더운 여름을 보내던 중 남편과 나는 특별한 이벤트를 해 보기로 마음먹었다. 복날에 마을 어르신들께 삼계탕을 대접해 보자는 기획이었다. 이사 온 지 한 달 남짓 됐지만 아직도 모르는 분들이 더 많은 만큼, 빨리 인사를 드릴 수 있는 자리를 만들어야겠다고 마음먹었다.

드디어 대망의 삼계탕 파티 날, 마을 분들이 꽤 많이 와 주셨다. 집들이 선물이라면서 화장지를 건네준 분들부터 세제까지 생필품 선물을 한 아름 안겨 주셨고, 덕담도 잊지 않았다.

"우리 마을에 온 걸 환영해요."
"젊은 사람들이 와서 얼마나 좋은지 몰러!"
"우리 집이 저기 골목 끝인디, 언제든 놀러 와."
"우리 밭에서 따먹고 싶은 거 있으면 다 따먹어. 상추, 고추 다 있다니까."
"닭장 열고 알 꺼내다 먹어."

처음 5도 2촌 라이프를 계획하면서 걱정이 많았다. 인터넷이나 방송에서 시골 마을의 텃세에 관해 얘기하는 걸 하도 많이 봤기 때문이다. 한 번 찍히면 마을 길을 마음대로 이용하지 못하는 건 물론이며, 마을 상수도를 이용하는 것도 어려워 물도 마음대로 쓸 수 없다는 등의 이야기 말이다. 시골살이를 결정한 사람의 마음도 거뜬히 돌려놓을 법한 이야기들이었다. 하지만 내가 만난 어르신들은 그런 텃세와는 거리가 멀어도 너무 멀어 보였다. 그저 기우였던 것이다.

그날 우리는 마을 분들과 제대로 된 삼계탕 파티를 즐겼다.

그리고 내 신상이 낱낱이(?) 파헤쳐졌다. 나이는 기본이고 직업, 가족관계, 자녀 계획, 남편과의 연애 시절 이야기, 당진 친가에 대한 이야기 등 A부터 Z까지 모든 정보를 밝히는 자리가 됐다. 물론 남편도 예외는 아니었다. 나중에 들어보니 남편 역시 수많은 질문을 받았단다. 그 덕분에 그날 삼계탕은 입에도 대지 못했다.

이날 우리가 얻은 것 중 특히 값졌던 것이 있다. 바로 마을에 대해 몰랐던 이야기를 많이 알게 된 것이다. 특히 우리 마당에 있는 감나무가 마을에서 가장 오래된 감나무라는 것, 우리 마을이 대한민국에서 가장 주민 수가 적은 마을이라는 것, 우리 마을에서 가장 젊은 분이 60세였는데 내가 그 자리를 대체했다는 것이다. 칠절리에서 꽤나 젊은(?) 만큼 앞으로 나의 쓸모가 궁금해진다는 말도 덧붙이셨는데, 며칠 뒤 그 능력치를 최대한 발휘해야 할 때가 오고야 말았다. 바로 면민 체육대회 즉 마을 운동회가 있었던 것.

나에게 운동회는 어렸을 적 학교에서 하던 게 다였다. 물풍선을 던져서 서 있는 사람을 맞춘다거나, 바통을 넘겨주며 달리는 이어달리기, 멀리뛰기, 높이뛰기 같은 종목을 했던 어릴 적 초등학교 운동회 말이다. 운동회를 한다고 하면 친구들은 좋아했지만 나는 아니었다. 운동회에는 보통 아이들을 응원하기 위해 부모님이 학교에 왔고 맛있는 도시락을 나눠 먹었는데, 당시 우리 부모님은 일 때문에 바쁘셨고 대신 할머니가 오셨다. 그 사실에 괜스레 주눅이 들었기 때문이다. 친구들과 내 사정이 달랐던 게 싫었다.

'다른 친구들은 다 젊은 엄마 아빠가 오는데 나는 왜 할머니가 오셔야 하지.'

'왜 다들 김밥을 먹는데 나는 김밥이 아닌 거지.'

운동회나 소풍 때 할머니는 김밥을 싸 주신 적이 없었다. 싸 주지 않았다기보다는 김밥을 한 번도 싸 본 적이 없으셨기에 못 하셨던 것이다. 할머니가 어렸을 때나 우리 아빠의 학창 시절에는 김밥 대신 흰 쌀밥과 반찬이 들어간 도시락이 있었다. 그래서 할머니는 늘 하던 것처럼 정갈하고 맛있는 반찬을 담아 도시락을 싸 주셨다.

하지만 나는 김밥을 원했다. 다른 친구들처럼 참치가 들어가고, 치즈가 들어간 각양각색의 김밥을 펼쳐 놓고 먹고 싶었다. 그럴 수 없어서, 어렸던 나는 운동회가 싫었던 모양이다. 물론 지금 돌이켜 보면 정말 철없는 어린 시절 생각이다.

무려 20년이 지나고 다시 운동회를 마주했다. 그것도 똑같은 당진에서 말이다. 뭔가 설레면서도 뭉클했다. 그렇게 칠절리를 대표해 축구 선수로 나가서 공을 차고, 꽹과리도 치면서 유년 시절처럼 뛰어다녔다.

경기가 끝나고 출출하던 찰나, 한편에서 맛있는 냄새가 솔솔 올라왔다. 이동식 뷔페 차들이 밥과 먹음직스러운 반찬을 구비해 놓고 있었다. 20여 개 마을이 한곳에 모여서 치러진 운동회다 보니, 음식 구성이 다양해 구경하는 재미도 쏠쏠했다.

먹고 싶은 음식을 접시에 가득 담았다. 테이블에 앉아 흰 쌀밥을 한 숟가락 떴는데, 나도 모르게 눈물이 핑 돌았다. 운동회 때 할머니가 싸 주신 도시락이 생각나서였다. 어렸을 적 그토록 먹기 싫어했던 흰쌀밥 위로 김밥을 싸 달라며 투정하던 내 모습이 교차됐다. 눈물이 툭 하고 테이블 위로 떨어졌다.

철없는 나를 보듬어 주던 그 시절 할머니가 사무치게 그리워지는, 시골의 가을 운동회였다.

반장님
우리 반장님

우리 집은 마을에서 가장 높은 곳에 자리하고 있다. 그 아랫집에는 기영이 삼촌이 살고 있고, 그 바로 옆집에는 반장님이 살고 있다. 칠절리 2반 반장님으로 말할 것 같으면 이 마을에서 나고 자란 분이다(우리 칠절리는 1반, 2반이 있다). 마을 반장님들은 이장님을 도와 마을의 소식을 전하는 역할과 문제는 없는지 늘 살펴보는 임무를 맡고 있는데, 특히나 우리 반장님은 윗집에 사는 우리를 살뜰히 보살펴 준다.

빵-빵-. 오토바이 경적은 곧 반장님이 등장할 거라는 사실을 알려주는 신호이다.

"뭐해?"

"어디가?"

"밥은 먹었디야?"

"어제는 차가 없던디?"

반장님은 수시로 마당에 올라와 경적을 울리며 우리의 일거수일투족을 살폈다. 처음에 이사 왔을 때는 왜 이렇게 자주 오는 거지, 할 일이 없으신 건가, 저 경적 좀 안 울리면 안 되나 등등 반장님의 잦은 등장에 불만이 많았다.

그러던 중 작은 사건이 하나 있었다. 이사 오고 약 석 달 정도 지나갈 무렵이었다. 집 구경을 한다면서 찾아오는 사람이 유독 많았다. 동네에 소문이 나서이기도 했고, 여러 부동산에서 전원주택의 로망을 갖고 찾아오는 손님들에게 예쁜 집이 있으니 한번 가 보라는 권유를 한 탓에 구경꾼들이 몰린 것이다. 덕분에 찾아오는 사람들이 많았는데, 정중하게 인사를 나눈 뒤 구경하고 가는 사람도 있었지만, 그렇지 않은 사람도 많았다.

어떤 사람은 가족을 대거 이끌고 차량에서 내렸는데 대뜸 대문을 열고 마당으로 들어오기도 했다. 당시 우리 부부는 집에 없었고 뒤늦게 CCTV로 확인한 건데, 영상 속 모습에 충격을 받았다. 마당으로 들어와서는 관광지에 놀러 온 사람들처럼 포즈를 취하고 사진을 찍고 심지어 심어놓은 핑크뮬리마저 꺾어버리는 게 아닌가. 그런 난리 속에 경적을 울리며 오토바이가 나타났다.

빵―빵―.

반장님이었다. 반장님은 마당으로 곧장 달려가더니, 팔을 휘저으며 뭐라고 외쳤다. CCTV상으로 말소리가 확인되지는 않지만, 제스처로 짐작했을 때 빨리 나가라는 의미인 듯 보였다. 그렇게 낯선 방문자를 쫓아낸 뒤 남편에게 전화를 걸어서 상황을 알려주시는 게 아닌가. 그날 이후, 반장님은 아랫집인 본인의 집 입구에서 마치 주차장 차단기라도 된 듯 우리 집으로 향하는 정체불명의 차량이 있으면 길목을 막아서 사람들을 돌려보내기도 했다.

또 배달에 익숙한 우리가 밤늦게 배달을 시키면 바로 전화가 걸려 왔는데, 처음엔 오토바이가 시끄럽게 다녀서 그런가 싶어 눈치가 보였다. 그래서 밤 9시가 넘으면 최대한 배달을 자제하거나 마을 초입까지 걸어 내려가 받아 오기도 했다.

그러던 어느 날, 반장님 댁으로 오라는 연락을 받고 남편과 함께 내려갔다. 집에 도착하자 가마솥에 두부를 직접 빚고 있는 반장님의 아내가 보였다. 처음 보는 장면에 신기해하고 있었는데 반장님이 걱정스러운 말투로 말했다.

"맨날 뭘 그렇게 시켜 먹어?"

혼나기 전에 변명을 생각하는 아이처럼 우리는 최근에 언제 배달시켰던가, 늦은 시간에 시킨 적이 있는지 두뇌를 풀가동하기 시작했다. 그때 반장님의 한마디.

"집에서 이렇게 해 먹어야 몸에 좋디야. 두부 양껏 먹고 가져가."

우리가 자주 배달을 시켜 오토바이 소리로 인한 소음 때문에 화가 나신 줄 알았는데, 맨날 배달 음식으로 연명하고 있는 게 안쓰러웠던 것이다. 반장님의 자상함 덕분에 우리는 고소하고 부드러운 두부를 배부르게 맛볼 수 있었다. 게다가 어찌나 많이 포장해 주셨는지 김치찌개에 넣고, 순두부찌개도 해 먹고 다양하게 두부를 즐길 수 있었다. 이후에도 두부를 만드는 날이면 꼭 우리를 불러 챙겨주셨다.

이 밖에도 반장님은 늦은 밤 집에 불이 켜져 있으면 전기세 많이 나온다면서 불 끄라고 전화했고, 배추를 수확하면 우리 집 앞에 놔주셨다. 또 밭을 갈 시기가 되면 자신의 밭을 갈고 난 뒤에 꼭 우리 밭도 잊지 않고 갈아주셨다. 농약을 줄 시기가 되면 우리 농약도 같이 사서 건네주셨고, 꽃을 심을 철이 되면 씨앗까지 아낌없이 나눠주셨다. 그러는 동안 원래 정해진 반장 임기인 2년이 흘렀다. 아쉽게도 새로운 반장님이 취임하면서 반장직은 내려놓았지만, 주어진 기간이 끝나고도 우리에겐 든든한 역할을 지속해 주고 계신다.

낯선 마을에 정착하고 난 뒤에 뭐든 불안함이 있었다. 처음 만나는 사람들, 처음 마주하는 시골 생활, 처음 접하는 지역 문화. 하지만 아랫집에 반장님이 있다는 것만으로도 든든하고 의지가 된다. 때로는 친할아버지보다 더 든든하게 우리를 지켜주는 반장님. 그런 반장님이 오래오래 우리 아랫집 이웃이었으면 좋겠다는 작은 소망을 품어 본다.

미안해, 라는
세 글자

5도 2촌 라이프를 시작한 뒤, 본의 아니게 주말부부가 됐다. 나는 일하러 서울로 갈 때가 많고, 남편은 스테이 관리를 하면서 당진에 있기 때문이다. 3대가 덕을 쌓아야 할 수 있다는 주말부부가 되니 남편은 극도로 행복해했다. 남편은 남편대로 결혼 전의 삶을 영위할 수 있게 됐고, 나 역시 서울에 있는 날은 친구들을 만나고 술도 마음껏 마시고 자유를 만끽할 수 있어 편했다. 처음 몇 달 동안은 말이다.

그런데 이 시기가 길어지면서 생각지 못한 변수가 생겼다. 바로 우리의 관계다. 처음엔 평일은 떨어져 있고 주말 이틀만 만나니, 그간 있었던 이야기를 서로 늘어놓기에 바빴다. 물론 듣는 입장이 되어도 즐거웠다. 서로가 경험하지 못하는 장소에서 경험했던, 그때 그 순간을 공감하며 대리만족했다. 하지만 어느 순간부터 함께 앉아 일과를 공유하는 시간이 짧아졌다. 이유인즉슨 비슷비슷한 일상들이 반복됐고, 굳이 공유하지 않아도 예측되는 일이었기 때문이다. 그리하여 침대에 누워서도 평일의 습관대로 각자의 시간을 가졌다. 자연스럽게 우리 관계는 데면데면해지고 있었다.

3년이라는 연애 기간 내내 우리는 매일 만났다. 내 연애 패턴이 그랬다. 매일 보고 정들고 함께 공유하는 것들이 많아야 한다고 생각했다. 현 남편이자 전 남자 친구는 남양주에 살았고 나는 서울 금천구에 살았다. 먼 거리였지만 연애할 때 한 번도 먼 거리라고 생각하지 않았다. 남편이 재택근무할 때는 내가 지하철을 타고 남양주까지 만나러 갔고, 내가 재택근무를 하는 날이면 남편이 집 앞으로 찾아왔다. 우리는 방송국에서 함께 일했기에 늘 가까운 곳에 있었지만, 그 시간으로도 부족했던 거다. 습관처럼 말이다.

결혼한 뒤에도 당연히 매일 봤다. 물론 일하는 시간이 달라서 잠깐씩 스치듯 보는 날도 많지만 그럼에도 같은 공간에 살고 있으니 떨어져 있는 것 자체가 불가능했다. 만나면 회사에서 오늘 무슨 일이 있었고, 뭘 먹고, 뭘 했는지 일상을 나누는 일이 자연스러웠다. 그렇게 우리는 11년 동안 서로의 일상을 공유해 왔다. 하지만 5도 2촌을 시작한 지 얼마 되지 않은 시점에 일상을 나누던 습관이 더 이상 지속되지 않게 된 것이다. 더 좋자고 온 시골 생활이 오히려 역효과를 가지고 온 격이었다.

우리 두 사람은 성격도, 성향도 정반대다. 나는 쇼핑을 할 때도 가지고 싶은 건 바로 그 자리에서 손에 넣어야 직성이 풀렸고, 남편은 며칠 늦게 손에 넣더라도 꼼꼼하게 가격 비교를 하고 가장 저렴한 곳에서 사야만 했다. 성격이 급한 내가 덤벙거리다가 놓칠 뻔한 일들도 진득한 남편이 메모해 뒀다가 일일이 챙겨 준 덕분에 놓치지 않는 경우도 많았다.

그리고 일은 내가 벌여 놨음에도, 막상 싸워서 쟁취해야 하는 상황에 놓이면 남편은 두 팔 걷어붙이고 대신 나서서 싸워 줬다. 하지만 늘 나와의 싸움에서는 양보부터 했다. 다혈질인 내가 부르르 화를 내며 소리를 질러도 일단 피하고 본 뒤 화해를 걸어 왔다. 이토록 남편은 내 인생에서 떼려야 뗄 수 없는 동반자인 것이다.

그런 남편과의 관계가 데면데면해지다니… 내 인생에서 생각해 본 적이 없는 일이었다. 한시라도 빨리 회복하고 싶었다. 그래서 나는, 그날도 역시 침대에 누워 스마트폰을 붙잡고 있는 남편에게 처음 제안했다.

"오빠, 내가 주말에만 오니까 주말에는 스마트폰을 최대한 안 보면 어때? 나도 오빠도?"

남편은 갑작스러운 제안에 고개를 돌려 잠깐 쳐다보더니만 다시 스마트폰으로 눈을 돌렸다.

"갑자기 왜?"

"우리가 예전에는 대화도 많이 하고 그랬는데, 요즘은 너무 대화도 없고 그런 것 같아서."

남편은 스마트폰에서 눈을 떼지 않은 채 노력해 보겠다는 말로 대화를 마무리했다. 그러나 그다음 주도 또 다음 주도 노력하는 나와 비교해 남편은 바뀌지 않았다. 뭘 그렇게 열심히 보는지 궁금할 지경이었다.

결국 한 달이 지나갈 무렵, 분노를 터뜨리고 말았다. 남편이 스마트폰으로 하고 있던 게 게임이라는 걸 알고 나서.

"내가 게임하는 거 그렇게 싫어하는 거 알면서! 내가 같이 노력하자고 했잖아."

"…."

"이런 사소한 것도 노력 안 할 거면 그냥 서울로 다시 올라와."

한껏 분노를 표출한 뒤, 다음 날 평소보다 일찍 버스를 타고 서울로 올라왔다. 평소 같으면 그다음 주 주말에는 시골로 내려가야 했지만, 그러지 않았다. 그날 밤 내려오지 않는 나에게 남편은 전화를 걸어왔지만 받지 않았다. '스마트폰으로 게임이나 하라지!'라고 생각하면서.

그날 자정, 도어락 소리에 잠에서 깼다. 연락이 닿지 않자, 남편이 올라온 거였다. 양손에는 와인과 안주를 들고. 왜 왔냐며 핀잔하는 나를 붙잡아 앉히고는 남편은 본인의 입장에 대해 장황하게 나열하고 있었고, 그 모습을 보고 있자니 목구멍에서는 미처 내뱉지 못한 한마디가 맴돌았다. 길고 길었던 남편이 말이 끝나갈 무렵, 억누르던 한마디가 입 밖으로 터져 나오고 말았다.

"미안해, 그 말이 그렇게 어려워?"

남편은 얼굴이 벌게져서는 그제야 미안하다며 스마트폰을 줄이겠다고 손가락까지 걸고 약속했다. 더불어 앞으로는 스마트폰을 볼 시간에 오징어 다리 하나 놓고 캔맥주 기울이며, 서로의 이야기를 하고 또 들어주자는 약속도 함께 말이다.

'미안해'라는 세 글자를 말하는 일은 참 어렵지만, 그 한마디가 지켜낼 수 있는 관계는 크다. 그 사실을 곱씹으며 우리는 화해의 술잔을 부딪쳤다.

디올 가방
vs. 몸빼

"오빠! 나 이번에 월급 타면 디올 가방 살 거야. 말리지 마."

약 6개월에 한 번씩 남편에게 하던 말이었다. 서울에서 열심히 일하면서 돈을 꽤 많이 벌었고, 꽤 많이(?) 저축했다. 이 저축은 내가 원해서 했던 저축이 아니었다. 하도 일에 치여 살다 보니, 정작 돈을 쓸 시간이 없어서 노력 없이 저절로 돈이 모아진 거였다. 하지만 이렇게 모인 돈은 한순간에 날아가 버리곤 했다.

6개월 동안 열심히 일한 나에게 주는 선물이라면서 6개월 동안 모은 돈을 그대로 쏟아부으며 명품 가방을 사들이기 시작했다. 일명 시발 비용(욕설 중 하나인 '시발'과 '비용'을 합성해 만든 말로, '스트레스를 받지 않았으면 쓰지 않았을 비용'이란 의미를 담고 있다. 순화해서 홧김 비용으로도 쓰인다)이라는 명목하에 가방을 샀다. 이번엔 루이뷔통 가방을 샀다면 8개월 뒤에는 구찌 가방을 샀다. 1년 뒤에는 디올 가방을 샀다.

이렇게 사들인 가방은 결혼식에 가거나 친구들을 만나거나 약속이 있을 때만 사용했다. 보통 회사에 나갈 때는 노트북이 들어가는 가방이어야 했기에 작은 가방들은 소용이 없었다. 1년에 몇 번 그 쓰임을 할까 말까 한 가방들이었다. 심지어는 1년 내내 한 번도 바깥바람 맞지 못하고 자리를 지키는 가방도 있었다. 그럼에도 집 안에 진열된 명품 가방들을 보면 행복했다. 내가 직접 벌어서 고생한 나에게 주는 선물이라고 생각하니 뿌듯하기도 했다. 당시엔 그걸 사야만 일하며 묵혀 둔 스트레스가 풀린다고 여겼던 것 같다. 또 비싼 가방이 있어야만 내가 열심히 일하고 있고, 인정받고 있다고 생각했다.

이런 생각은 당진에 오면서 사라졌다. 정확히 말하자면 사라졌다기보다는 대상이 바뀌었다. 당진에 온 지 1년이 지났고, 그

사이 명품 가방을 손에 든 횟수는 0이다. 결혼식이 없었을뿐더러, 명품 가방을 메고 만날 친구도 없었다. 가방을 들고 밭으로 갈 수도, 논으로 갈 수도 없었다. 마땅히 어딜 갈 곳도 없었다. 비싸디비싼 명품 가방은 자리에서 묵묵히 먼지와 사투를 벌이고 있을 뿐이었다.

대신 다른 대상에 꽂히고 말았다. 당진에 오면서부터 목돈이 사용되는 곳, 바로 3,000원짜리 몸뻬 바지다.

"오빠~ 몸뻬 신상 들어왔대. 쇼핑하러 가자."

이 말을 6일에 한 번꼴로 하고 있다. 덕분에 신상 몸뻬 바지가 나오면 옷 가게에서 연락이 올 정도로 단골이 됐다. 그 문자를 받으면 바로 쇼핑 모드에 돌입한다. 최근 새롭게 알게 된 사실이 있는데, 몸뻬도 사계절에 따라 다르다는 것이다. 어렸을 때 할머니가 입으시던 몸뻬를 몇 번 입어보긴 했지만 이렇게 계절마다 두께와 원단이 다르다는 건 처음 알았다.

몸뻬를 사러 가는 날이면 명품 가방을 사러 갈 때만큼 설렌다. 오늘은 어떤 무늬의 몸뻬가 들어왔으려나, 지난번 꽃무늬의 다른 색상 버전이 나오면 좋을 텐데, 예쁜 게 있으면 할미니도 하나 사다 드려야겠다고 생각하면서 말이다.

그렇게 구매한 몸빼는 명품 가방과 달리 내 몸에 매일 찰떡같이 붙어 있다. 청소할 때, 집안일을 할 때, 잔디를 깎을 때도. 당진에 있는 시간에는 늘 입고 생활하기 때문이다. 저렴하게 사서 마음껏 입으며 편안함을 누리는 것이 행복 그 자체였다.

사실 명품 가방이 됐든 몸빼 바지가 됐든 욕망에 의한 소비는 마음을 채우기 위한 수단, 그 순간 어지러운 마음을 다독이기 위한 수단이라 할 수 있다. 서울에서 명품의 값비싼 이미지가 나를 만족스럽게 했다면, 당진에서 몸빼는 그 자체로서 나를 만족시켰다. 소비는 늘 절대적이라고 생각해 온 터였다. 하지만 소비는 상대적이었다는 것을, 새롭게 깨달아 가고 있다. 시골에 내려온 뒤 스스로를 행복하게 하는 선물을 하나하나 찾아가고 있다.

속세의 맛

시골에 오고 난 뒤 가장 힘든 게 있다.

하루 한 잔 이상은 꼭 맛봐야 직성이 풀리는

하루의 시작을 알리는

후각을 자극하는 향을 가진

스트레스를 받았을 때 꼭 마셔 줘야 하는

나의 밤샘을 성공적으로 이끌어 주는

삶의 활력을 주는

아, 나열하고 봐도 너무 많은 긍정 요인이 많은 이 음료. (이미 눈치채셨겠지만!) 커피다. 나에게 커피란 하루의 시작을 알리면서도 일상에 활력을 주는 에너자이저 같은 녀석이다. 서울에서 일할 때는 하루에 커피 다섯 잔은 기본이었다. 많이 마시는 날은 일곱 잔 이상의 커피를 마셨다. 누군가는 이렇게 묻는다.

"커피를 정말 좋아하나 봐?"
"커피 맛 엄청나게 잘 알겠다?"

하지만 그렇진 않다. 커피는 그냥, 물 대신 마시는 액체 그 정도였다. 물론 카페인의 효능을 보기 위해 마시는 경우도 있지만 버릇처럼 마시는 행위에 그치는 경우가 더 많았다. 하지만 아침 일과를 시작하기 전 마시는 커피는 '오늘 하루도 힘내 보자!'는 의미로 내게 건네는 작은 선물이었다. 특히나 선물은 누군가에게 받아야 제맛 아닌가. 그래서 꼭 아침 커피만큼은 내가 내려 마시는 커피 대신 타인이 준비해서 내주는, 즉 사 먹는 쪽을 선택하곤 했다.

그런 내가 당진에 오고부터 커피와 이별해야만 했다. 그 이유가 너무나 단순해서 참, 글로 적는 지금도 웃음이 난다. 바로 남이 내려 주는 커피를 마시려면 시내까지 나가야 한다는 제약이 발생했기 때문이다. 서울에선 집 밖으로 나가기만 하면! 회사 엘리베이터를 타기만 하면! 걸어 다니는 길목 곳곳에서! 쉽게 마주칠 수 있던 것이 카페였거늘… 시골은 그렇지 않았다. 시내를 나가야만 카페 간판을 볼 수 있었고, 집에서 카페까지는 차를 타고 무려 15분 이상은 나가야 했다. 운전대를 놓은 지 10년이 넘어서 남편 없이는 어디도 나갈 수 없는 뚜벅이였기에, 마음대로 커피를 사러 가는 게 불가능하다.

물론 대안은 있었다. 배달이다. 요즘 배달 앱이 얼마나 잘 되어 있는가. 하지만 앱에 들어간 뒤 몇 번의 터치를 해 보고 난 뒤 한 치의 망설임도 없이 앱을 종료해 버렸다. 이유는 배보다 배꼽이 더 컸기 때문이다. 커피 한 잔에 4,500원인데 배달 팁이 5,000원이었다. 4,500원짜리 커피를 마시기 위해 5,000원을 더 써야 한다는 건 도무지 납득이 되지 않았다. 참고로 나는 2만 원에 달하는 택시비는 안 아까워도 택시를 불렀다가 5분 이후 취소해서 내야 하는 3,000원의 수수료는 아까워하는 사람이다.

어찌 됐든 비싼 배달 팁을 내고 커피를 시켜 먹을 자신은 없었다. 결과적으로 커피를 마실 수 없는 현실에 놓인 것이다. 그래도 하루 정도는 참아 낼 만했다. 다음날도 꾸역꾸역 참을 만했다. 그다음 날은 한계에 다다랐다. '진짜 내일은 먹으러 나갈 거야. 배달이라도 시킬 거야. 일주일에 하루는 먹을 거야!'라면서.

결국 다음 날 남편을 끌고 시내로 나갔고 스타벅스로 향했다. 그런데 스타벅스를 찾아가는 과정도 험난했다. 매장이 몇 개 없기도 할뿐더러, 서울처럼 눈만 뜨면 보이는 곳에 있는 게 아니었다. 검색을 통해 길 찾기를 반복해야 했다. 하지만 그런 수고스러움을 감수해서라도, 오늘만큼은 꼭 스타벅스에서 파는 시원한 아이스 아메리카노를 원샷 하고 싶었다.

어렵사리 도착한 스타벅스 그리고 눈앞에 등장한 아아! 의자에 앉지도 않고 선 채로 벌컥벌컥 원샷을 했다. 그리고 외쳤다.

"한 잔 더!"

아, 정녕 속세의 맛이 이토록 행복한 것이었다니. 속세형 인간인 내가 시골에 잘 적응할 수 있을까. 나, 잘 살.아.낼. 수 있겠지?

무일푼
제철 식재료

　　　　　　　　　　아침 방송을 제작할 때는
늘 제철 음식이나 식재료에 대한 내용을 다뤘기 때문에 이 계절에는 어떤 걸 먹어야 하는지 또 이 계절에는 어떤 식재료가 많이 수확되는지, 늘 꿰고 있었다. 하지만 이론적으로 알 뿐 실제 맛을 보는 건 어려운 일이었다. 간혹 비싼 돈을 들여 식당에서 맛보는 것이 고작이었다.

그런데 시골에 내려오면서부터는 달랐다. 제철이 되면 제철에 나는 식재료로 만든 음식을 맛볼 수 있었다. 그 이유는 동네 어르신들이 꼭 제철 음식을 만들어 초대해 주셨기 때문이다.

시골에 오고 첫 초대를 받은 날이 유독 기억에 남는다. 처음으로 어르신들이 우리를 위해 준비해 주신 자리이기도 했고, 그 날 먹은 음식이 너무 맛있어서 기억에 남기도 한다. 추석을 앞둔 날이었는데, 이른 아침부터 이장님에게 전화가 와서 오전 11시가 되면 꼭 마을회관으로 오라고 하시는 거다. 그것도 둘이 꼭 같이. 우리는 '무슨 일이시지?'라는 의문을 가지며 11시가 되기만을 기다렸다.

정확히 '11시 땡' 하자마자, 마을회관에 갔는데, 잔치라도 벌이시는 건지 상다리가 부러질 듯, 음식이 차려져 있는 게 아닌가. 이장님과 부녀회장님이 새로 이사 온 우리를 위해 자리를 마련해 주신 거였다.

감동을 가득 받으며 자리에 앉았는데, 그날 메뉴가 꽃게장이었다. 서울에선 한 마리에 3만 원이 넘는 가격이라 큰맘 먹고 사 먹어야 했는데, 이날 식탁에 그런 꽃게장 수십 마리가 올라와 있는 게 아닌가. 일단 사진부터 몇 장 찍은 뒤에 본격적으로 먹기 시작했다. 맛있었다! 서울에서 사 먹던 것보다 훨씬 짭조름하고 고소했다. 어르신들의 손맛에 따스한 정까지 한 숟가락 더 들어가서인지, 그 진한 맛을 잊을 수가 없다.

배부르게 먹고 감사하다며 인사를 하고 나오는데, 추석 선물이라며 커다란 통에 담긴 꽃게장을 건네주시는 게 아닌가. 당진에서는 꼭 이 계절에 이 꽃게장을 먹어야 한다면서. 오래 두고 먹을 때 맛있게 먹는 방법과 냉동을 할 경우 해동하는 과정에 대한 설명까지 친절히 알려 주셨다. 얼마 전 다시 맞은 두 번째 추석에도 이장님으로부터 꽃게장이 배달됐다. 올해도 꽃게장은 꼭 먹어줘야 한다면서.

꽃게장뿐만이 아니다. 어떤 날은 상추가 딱 알맞게 자랐다면서 한가득 따서 바구니째 집에 보내 주기도 하셨고, 또 어떤 날은 대하가 철이라면서 어르신들이 삼삼오오 모여 대하구이를 해서 드시는데 우리를 불러 주기도 하셨다.

또 어떤 날은 보리를 수확했다면서 한가득,
또 어떤 날은 블루베리를 수확했다면서 큰 봉지에 가득,
또 어떤 날은 배추를 수확했다면서 양손 가득,
또 어떤 날은 고구마를 캤다면서 호박 고구마를 쪄서 가져다주셨다.

아! 심지어는 닭이 알을 많이 낳는 계절이라면서 수시로 따끈

한 달걀을 가져다주시기도 했다. 어디 이뿐이랴. 식재료를 가져다주시는 것도 모자라서, 제철 음식을 해서 주시는데 그 손맛이 대단해서 레시피를 배우겠다고 한 적도 있었다.

당진은 항구가 많은데 여름의 끝자락에 우럭 축제를 연다. 이때 우럭을 사 오는 어르신들이 많은데, 우럭으로 우럭탕을 하면 또 한 번 마을 잔치가 벌어진다. 이 통 우럭탕이 어찌나 맛있던지 입에서 살살 녹는 게 아닌가. 소고기는 저리 가라 할 정도의 맛이다. 특히 그 국물은 마시는 술을 바로 해장시키는 능력을 지니고 있다. 그 정도로 칼칼하고 시원하고, 그 맛이 일품이었다. 그 감동에 겨운 맛에 레시피를 여쭤봐서 메모하고 녹음도 해 봤다. 그리고 한번 직접 만들어 보겠노라며 흉내를 냈지만… 역시나 실패했고, 결국은 할머니 댁으로 총총총 가져가 심폐소생술을 부탁드릴 수밖에 없었다.

이토록 내가 제철 음식을 많이 접하게 될 줄이야!
심지어 이렇게 맛있을 줄이야!
이곳에서 맛보는 제철 음식은 점점 나의 소울푸드가 되어가고 있다.

제철 음식은 꼭 그 계절에 맛봐야 맛이 배가 된다고 한다. 그런데 제철 음식이 더 맛있을 수밖에 없는 이유가 하나 더 있다. 제철에 나는 음식을 좋은 사람들과 함께 웃으며 나눌 수 있다는 것이다. 풍성한 인심에 입이 즐거운 제철 음식, 마을 사람들의 인품까지 더해져 몸도 마음도 건강해지고 있다는 걸 느낀다.

이처럼 시골에 오고 난 뒤, 나는 점점 부자가 되어가는 중이다.

광란의 밤

과거엔 화려한 서울 조명에
길든 삶을 살았다. 낮에는 어딜 가든 사람이 붐볐고, 저녁엔 거리마다 화려한 불빛과 조명 그리고 음악이 가득했다. 그런 길을 걷다 보면, 분위기에 취해 더 놀고 싶은 마음이 간절했다. 그럴 때면 남편을 소환했다.

"오빠 일 끝났어? 나 지금 홍대야. 한 잔 콜?"

남편은 기다렸다는 듯 홍대로 달려왔다.

"버스 타고 오느라 늦었어."

"얼마나 마시려고 차를 두고 와?"
"대리비보다 택시비가 더 쌀걸."

그렇게 우리는 분위기에 취하고 술에 취했다. 이런 날은 자주 있었다. 어떤 날은 퇴근을 일찍 해서, 또 어떤 날은 거리의 음악이 좋아서, 또 어떤 날은 거리에 흥겨운 사람들이 많으니, 우리도 끼어 보자고, 또 어느 날은 기분이 좋기도 또 싫기도 해서….

그러나 당진은 서울과는 전혀 다른 환경이다. 밤 8시만 되면, 대부분 가게가 문을 닫았다. 늦게까지 한다는 술집도 대부분 자정에 마감했다. 심지어 우리 집이 있는 시골 마을은 저녁 7시면 대부분의 집이 불을 껐고 8시가 되면 캄캄해졌다. 적막했다. 몸도 마음도 적막했다. 광란의 밤을 더 이상 보낼 수 없다고 생각하니 때때로 섭섭했다.

처음에는 그 마음을 달래 보려고 홈바를 열었다. 집에서 안주를 배달시키고 술을 마셨다. 하지만 화려한 조명도 없었고, 신나는 노래를 크게 틀 수 있는 여건도 아니었다. 시골의 밤은 너무 적막하다. 게다가 집 근처에 나무가 많아서 노래를 틀면 메아리치듯 동네가 쩌렁쩌렁 울린다. 참고 참다가 남편에게 제안했다.

"오빠, 롸잇나우 서울 콜?"

말이 채 끝나기도 전에 남편은 시동을 걸고 있었다. 우리는 그날부터 광란의 밤이 필요한 순간에 서울로 향하자며 계획을 도모했다. 첫 시도는 만족스러웠다. 밤에 떠나는 서울 여행은 매력적이었다. 서해대교만 건너면 서울에 닿을 수 있는 거리이기도 하고, 차도 막히지 않아 생각보다 일찍 도착할 수 있었다. 또 아빠 집에서 숙박계(너무 자주 온다면서, 아빠가 만든 숙박일지)를 쓰고 1박을 하고 오면 되니 잘 곳 걱정도 없었다. 두 번째, 세 번째, 네 번째… 광란의 밤은 신났다.

하지만 행복이 오래가진 못했다. 그날도 술을 마시고 아빠 집에서 1박을 한 뒤 시골로 내려오는 길이었다. 불타는 금요일을 즐긴 우리에게 꽉 막힌 주말 도로가 기다리고 있었다. 원래는 내비게이션에서 한 시간도 안 걸리는 거리라고 표시되는데, 다섯 시간으로 찍혔다. 그제야 오늘이 안면도 꽃 축제가 시작되는 토요일이라는 걸 깨닫게 됐다. 안면도 꽃 축제는 서울에 살 당시 지인들과 가 본 적이 있다. 많은 인파가 몰리는 축제인 만큼, 그때도 내려가는 데에 다섯 시간 이상이 걸렸던 걸로 기억한다. 결국 정체된 도로에 갇혀 무의미한 시간을 보내야 했다.

지친 몸을 이끌고 어렵사리 도착한 당진, 그날 우리는 결심했다. 다시는 광란의 밤 따위에 현혹되어 서울행을 결심하지 않겠다고.

며칠 후 참새가 방앗간을 못 지나치는 마음으로, 또다시 시골의 적막한 금요일 밤이 답답해졌다. 야간 서울행을 계획하면서 남편은 재차 "괜찮겠지? 내일 또 어디 축제 있고 그런 거 아니겠지?"라며 전전긍긍했다. 그 말을 들으니 불안감이 엄습해 왔고 결국 우리는 옷을 갈아입고 얌전하게 당진에서 시간을 보내기로 했다.

섭섭함을 감추지 못한 채 일단 당진 시내로 나갔다. 시내의 한 거리에 들어서자, 서울처럼 화려하진 않아도 즐비한 식당가와 술집, 노래방, 카페 등이 보였다. 열심히 여기저기를 두리번거리던 남편이 말했다.

"여기서도 광란의 밤을 보낼 수 있지 않을까?"

그날부터 당진에서 우리만의 아지트를 만들기 시작했다. 비록 일찍 문 닫는 곳이 많아서 제약이 있긴 하지만 그만큼 일찍 시작(?)하면 된다고 생각했고, 실행했다. 오후 무렵부터 놀기 시작해서 가게가 문 닫히기 전에 집에 들어가는 것으로.

당진에서의 불금은 꽤 짜릿했다. 그러면서 깨달은 사실은, 새로운 곳에는 새로운 멋과 맛이 있다는 것이다.

1분만 나가면 집 앞 잔디마당에서 야외 바비큐를 할 수 있고,

10분만 나가면 당진 시내가 내려다보이는 루프탑에서 술잔을 기울일 수 있으며,

15분만 나가면 바다가 보이는 곳에서 싱싱한 회 한 접시를 맛볼 수도 있으니,

이 얼마나 황홀한가!

오늘도 광란의 밤을 즐길 생각에 어깨가 들썩인다!

당장 짐 빼!

5도 2촌을 시작하면서

남편이 시골에 머무르는 시간은 점점 길어졌다. 5도 2촌에서 4도 3촌 그리고 3도 4촌…? 지금은 일주일 내내 오롯이 머문다. 이 말인즉슨 나 홀로 서울에서 보내는 시간이 많아졌다는 것이다. 남편은 내가 내려가는 날이면 신이 나서 일주일간 있었던 일을 읊어 댄다.

"어제는 동네 길고양이들이 우르르 몰려와서 밥 달라고 시위하더라니까! 네가 봐야 했는데."
"다음 주 월요일에 마을에서 여행을 간다고 나한테 같이 가자고 하시더라."

"마당에 평상을 하나 만들어 보면 어떨까? 이번 주 내내 그거 고민했어."

"당진 장날에 나가 봤거든. 생각보다 규모가 크던데? 나중에 같이 가 보자."

남편의 시골 생활은 정말 행복해 보였다. 하지만 나는 아니었다. 남편이 혼자서 일상을 다양하게 채워가고 있는 동안, 서울에서의 나는 외로웠다. 함께 술잔을 기울일 사람이 사라졌고, 나의 퇴근을 반갑게 맞아 주던 반려견도 시골에 있었다. 그렇게 나 혼자 보내던 우리의 서울집은 온기를 잃어갔다.

하루는 혼자 들어가서 맞닥뜨리는 집의 냉기가 싫어 친정을 찾았다. 아빠는 오랜만에 들른 나를 반갑게 맞아 주셨다.

"딸! 간만에 집에 오니까 어때?"
"너~~~~어무 좋지! 아빠도 내가 오니까 좋지?"
"그럼! 결혼하기 전으로 돌아간 것 같아서 좋네. 자주 와!"
속으로 말했다.
'아빠, 그 말 후회하면 안 돼.'

하루, 이틀… 퇴근을 친정으로 하는 날이 빈번해졌다. 결혼

후 자주 못 가던 친정을 이렇게 자주 갈 수 있다니, 아빠 말대로 정말 결혼 전으로 돌아간 것 같고 좋았다.

그렇게 가을이 지나고 겨울의 문턱이 되었다. 점점 쌀쌀해지는 날씨에 두툼한 옷들을 하나, 둘 슬금슬금 친정으로 옮겨 놓기 시작했다. 본격적으로 친정에서 지내야겠다는 마음에 옷부터 입주시켜 놓자는 요령이었다. 하지만 눈치백단 아빠를 속이는 건 쉽지 않았다.

"야! 당장 짐 빼!"
"무슨 짐을 빼라는 거야!"

일단 모르쇠로 나가보기로 했다.

"진짜 짐 안 빼면 다 버려 버린다."
"아니, 여기가 내 방인데 무슨 짐을 빼."
"너 결혼하고 나갔으면 알아서 살아야지, 뭐 자꾸 짐을 여기로 옮겨!"
"아니, 아빠가 자주 오라며!"
"이건 자주를 넘어선 거 아니야? 이 정도면 같이 사는 거지!"
"어차피 나는 서울에 며칠 안 있는데, 두 집을 둘 필요가 뭐 있어. 이참에 우리 서울 집은 빼버리고 아빠 집으로 들어올래."

"집을 빼긴 왜 빼! 시골집이나 빼든가! 그거 돈도 안 되는 거 뭣 하러! 아휴."

그렇게 옷 입주 작전은 실패로 끝이 났고, 어쩔 수 없이 친정은 가끔만 들러야 했다. 그러던 중 제작하고 있던 프로그램이 종영되면서 나에게도 휴가가 시작됐다(본업은 방송 작가랍니다). 자연스럽게 시골에서 지내는 시간이 많아졌다. 아빠가 잔소리할 일이 없어져서 후련하시겠다고 생각하며 자연스럽게 시골의 삶에 녹아들고 있었다. 남편도 혼자 하던 일들을 같이하니 더 신이 난 모양이었다. 그러던 어느 날, 걸려 온 아빠의 전화.

"아빠 지금 당진 간다."

그다음 주에도,

"딸, 아빠 당진 간다."

또 그다음 주에도.

"아빠, 당진!"

물론 할머니 댁이 당진에 있어 자주 내려오시긴 했지만 이렇게 일주일에 한 번씩 내려온다고? 조금 의아했지만 좋았기에, 아빠가 내려올 때마다 함께 할머니 댁으로 가서 저녁을 먹으며 즐거운 시간을 보냈다. 서울에서 잠깐씩 볼 때보다 훨씬 더 많은 이야기를 나눌 수 있었다. 서울에선 바쁜 일상에 찌들어 지내다 보니 마음의 여유도 없었을뿐더러 퇴근하고 집에 들어가면 자정을 훌쩍 넘겼거나 밤샘하고 아침 일찍 들어가기 일쑤였다. 몸도 몸이지만 마음의 여유가 더 없었다.

하지만 당진에서 긴 시간을 보내면서 가장 먼저 바뀐 건 심신의 안정이었다. 여유로웠고 또 여유로웠다. 그러니 시골에서 만나는 아빠는 얼마나 반가웠을까. 그날도 아빠는 당진에 내려오셨다. 할머니가 좋아하시는 전어를 굽고, 아빠가 좋아하시는 소라를 데쳐 여느 때와 마찬가지로 여러 차례 술잔을 부딪치고 있을 때였다.

"진주가 서울에 있을 땐 의지가 많이 됐는데, 없으니까 허전하긴 하네."

갑작스러운 아빠의 말에 옆에 있던 남편의 눈에 그렁그렁 눈물이 맺혔다. 울컥하는 마음에 애꿎은 빈 술잔만 만지작거렸다. 감정 표현을 잘 안 하시는 아빠의 입에서 나온 갑작스러운 고백에 생각이 많아졌다. 그동안 아빠에게 철부지 딸인 줄만 알았는데, 의지하고 계셨다니….

아빠가 전에 비해 더 자주 당진에 올 수밖에 없던 이유가 나였다는 걸 알고 나서야, 시골로 딸을 내려보낸 아빠의 헛헛했을 마음이 헤아려졌다. 어쩌면 짐을 빼라고 했던 아빠의 속마음은 간절히 짐을 빼지 말길 바랐던 건 아니었을까. 그렇게 멀어진 딸을 그리워하며 아빠의 발길은 오늘도 당진을 향하고 있다.

인생 ing

폭우가 와도 폭설이 내려도
오롯이 스스로 감당해야 한다.
시골 라이프를 택한 뒤 생긴 가장 큰 변화.
늘 수동적이었던 내가 능동적이 되어가고 있다.

남편의 하루

AM 05:00 기상 후 마을 한 바퀴 돌기
　　06:00 잔디 정리
　　07:30 길냥이들 밥 챙겨주고 놀아주기
　　08:00 집 청소 및 반려견 산책
　　11:00 점심 식사 후 설거지, 휴식
PM 02:00 마당 정리
　　03:00 빨래
　　04:30 운동
　　06:00 저녁 식사 후 반찬 만들기
　　08:00 영어 공부
　　09:00 반려견, 반려묘 놀이 시간
　　10:00 취침

서울에서는 정말이지 일밖에 몰랐던 남편이었다. 월요일부터 금요일까지는 평일이니까 일하고 주말은 또 주말이니까 일했다. 빨간날이라는 개념조차 없이 촬영과 편집을 했다. 연애 시절 술잔을 기울이다 물어본 적이 있다.

"오빠는 일주일 내내 일하면 도대체 언제 쉬어?"

남편은 당연하다는 듯이 코웃음을 치며 대답했다.

"죽으면?"

하지만 시골에서 남편의 하루를 지켜본 바 내 질문 내용은 반대로 변했다.

"오빠는 언제 일해?"

남편은 눈을 커다랗게 뜨고 답한다.

"나 지금까지 종일 일했잖아. 잔디 깎고, 청소도 하고, 마당 정리도 하고. 그게 얼마나 큰일인데, 그걸 아직도 모르다니!"

남편의 얼굴에는 생기가 돌았다. 시골집 관리는 정말 끝도 없다. 풀은 뽑히는 속도보다 자라는 속도가 빨랐고, 감나무잎은 쓸어도 쓸어도 내일 또 떨어졌다. 거미줄을 오전에 치우면 오후에 또 그 자리에 거미가 거미줄을 쳤다. 오일 스테인(Oil stain)을 주기적으로 한 번씩 평상에 덧발라주지 않으면 금세 부식됐고,

페인트칠 역시 계절이 바뀔 때마다 해 줘야 했으며, 보일러며 수 돗가며 수시로 확인하고 관리해 줘야 했다. 이토록 할 일이 많은 시골집은 아마도 남편이 없었다면 유지되지 않았을 것이다.

한번은 정화조에서 물이 줄줄 샜다. 그걸 발견한 남편은 이른 아침부터 정화조를 열어보겠다며 망치를 들고 이리저리 분주하게 뛰어다녔다. 걱정되는 마음에 남편에게 말했다.

"전문가를 부르는 건 어때?"
"맨날 어떻게 전문가들을 다 찾아내서 부르냐. 부른다고 제때 올 수 있을지도 모르고. 내가 해 버릇해야지."

시골에서는 뭔가 고장이 나거나 문제가 생겼을 때 고쳐줄 사람을 찾는 게 더 큰일이었다. 전문 인력을 찾지 못해 천안이나 대전에서 사람을 불러야 하는 경우도 많았다. 수리비보다 출장비가 더 비싼 셈이다. 그러다 보니 남편이 직접 해결해 보려고 하는데 쉬울 리가 없었다. 한 시간 넘게 정화조 뚜껑을 열었다가 닫았다가, 변기 물을 내렸다가 또 내려보기를 반복했다. 아휴… 종일 저러고 있겠네, 싶다가도 직접 해 보겠다고 끙끙대고 있는 모습이 기특했다. 그렇게 약 세 시간 정도가 흘렀으려나. 남편은 잠시 외출한 나에게 전화를 걸어왔다.

"여보! 나 드디어 해결했어. 안에 나사가 풀려서 연결 구멍이 잘 안 맞았던 거였어! 그러니까 물이 샜지!"

한껏 신이 난 남편의 목소리를 들으니 괜한 미소가 지어져, 격하게 맞장구를 쳤다.

"와! 우리 오빠 이제 전문가 다 됐네? 칭찬해!"

시골 생활 3년 차, 어느덧 남편은 달라진 환경에 완벽하게 적응해 가고 있었다. 서울에서보다 더 활기찬 남편의 모습에 덩달아 활기차지는 나를 발견할 때가 있다. 그런 우리 모습을 보고 있노라면 다시금 '시골 생활 정말 잘 시작했구나!' 하고 생각하게 된다. 때로는 좀 어설프지만 이 정도면 우리만의 귀촌 라이프를 곧잘 완성해 가고 있는 게 아닐까?

목욕탕
회동

결혼 전, 동생과 목욕탕 가는 걸 즐겼다. 목욕탕은 넓지만 폐쇄된 공간이고 많은 사람이 오고 감에도 아는 사람을 만나는 일은 없었기에, 우리 자매에겐 비밀스러우면서도 꽤 사적인 곳이었다. 뜨끈한 물에 몸을 녹이다가 화가 나면 찬물로 옮겨가 식힐 수 있었다.

목욕탕은 그런 공간이었다. 몸도 마음도 안정되는 기분이 드는 곳. 그런 기분은 대화 분위기 역시 진솔하고 거침없게 만들었다. 그간 욕하고 싶었던 대상을 찾아내 거침없이 뒷담화하거나, 솔직하지 못했던 감정을 나누고 공감했다. 그래서 목욕탕이 좋았고, 우리는 한 달에 2회 정도 목욕탕 회동을 하곤 했다.

그런데 내가 결혼하면서 회동의 횟수가 점점 줄어들었다. 결혼 초창기 때는 한 달에 1회로 줄더니 결혼 2년 차에 접어드니 두 달에 1회, 그다음 해에는 석 달에 1회까지. 게다가 동생이 결혼한 뒤에는 서로 시간을 맞추는 게 힘들어져 넉 달에 1회에서 다섯 달에 1회 정도로 그 간격이 길어졌다. 거기에 더해서 동생은 육아를 시작하게 됐고, 나는 당진에서 5도 2촌을 시작하면서 손잡고 목욕탕을 가는 일은 더 어려워지고 말았다.

목욕탕에 대한 추억이 사그라들던 어느 날, 불현듯 동생과 목욕탕을 가야겠다는 욕구가 치솟았다. 육아로 바쁠 동생이 같이 가주려나 싶은 마음이 들긴 했으나 오늘은 꼭 동생과 손을 맞잡고 가고 싶었다(아마도 격하게 욕하고 싶은 상대가 있었으니까?). 기대를 품으며 동생에게 메시지를 보냈다.

[동생, 오늘 밤 목욕탕 콜?]

갑작스러운 목욕탕 번개에 동생이 난색을 보일 줄 알았는데, 육아를 제쳐두고 나오겠다는 답을 보내왔다. 아마 동생 역시 잠시나마 육아에서 해방되고 싶었던 듯했다.

우리는 각자 샴푸와 린스, 칫솔, 때밀이 수건을 들고 목욕탕 앞에서 만났다. 정말 오랜만에 목욕탕에서 만났다. 결혼 전에는 한 바구니에 담아 들었던 용품을 각자의 바구니에 담아온 것이 생경했다. 그 마음을 동생도 느꼈는지 내 손을 잡고는 걸음을 재촉했다.

"언니, 바나나 우유 먹을 거야, 피크닉 먹을 거야?"

"오늘은 피크닉! 사과 맛!"

우린 새삼 옛날 기억을 소환하면서 목욕탕으로 들어갔다. 탕은 뜨끈했고, 한껏 힘이 들어가 있던 몸이 천천히 풀려 갔다. 그간의 피로가 싸악 날아가는 것 같았다. 동생도 크게 한숨을 내쉬더니만 표정이 한결 가벼워졌다.

그때부터 우리는 이 시간이 더디게 지나갔으면 하는 마음에 쌓였던 일들을 하나하나 풀어내기 시작했다. 나는 상사 욕부터 시작해서 시골 생활 중 벌어진 예측 불가 이야기, 남편과의 싸움 일화까지 분출했고, 동생은 처음 경험해 보는 육아의 고충과 부모 입장에서의 고뇌에 대해서 쏟아냈다. 한참의 수다가 이어지던 중 동생이 대화를 끊더니 "언니!"라고 불렀다. 혹여 아는 사람이라도 들어온 건가, 아니면 집에 갈 시간이 된 건가, 눈을 동그랗게 뜨고 동생을 바라봤다.

"언니! 나 눈물 날 거 같아."

서로 푸념과 욕을 하다 말고, 갑작스럽게 눈물이 날 것 같다니. 당황했지만 이내 이어진 동생의 말에 고개를 끄덕였다.

"우리가 마주 앉아서 남편 얘기를, 결혼 생활에 대한 얘기를 하다니… 진짜 우리가 어른이 됐나 봐."

그렇다. 코흘리개였던 우리 자매가 초등학교를 거쳐 중학교, 고등학교, 대학교까지 무사히 졸업하고 각자의 직장에 충실한 삶을 살다가 이제는 한 가정을 꾸려 또 잘 살아 나가고 있다니, 감개무량했다. 동생은 아까 목욕탕 앞에서 나를 만날 때부터 눈물이 쏟아질 것 같았다면서, 우리가 성인이 됐음을, 우리가 따로 살고 있음이 이제야 실감이 난다고 했다.

우리 자매는 한시도 떨어져 있어 본 적이 없다. 쇼핑할 때도 친구들이랑 가는 것보다 동생이랑 가는 게 좋았고, 여행을 가도 동생과 함께하는 게 좋았다. 또 맛집이나 가고 싶은 카페가 생기면 가장 먼저 동생이 생각났다. 그렇게 우리는 많은 것을 공유하고 함께했다. 하지만 각자 가정을 꾸리고 지금은 서로의 위치에서 살아가는 게 먼저가 될 수밖에 없는 당연한 상황이 가끔은 낯설기도, 또 기특하기도 하다.

 그날 동생과 많은 이야기를 나눴다. 평소였다면 세 시간이었을 목욕탕 회동이 족히 다섯 시간 가까이 이어졌다. 그만큼 자주 보지 못해 서로가 그리웠던 게 아니었을까.
 서른 중반을 지나가고 있는 우리. 이제는 살아가는 방식도 살아가는 방향도 다르지만 그럼에도 목욕탕 회동 때만큼은 어렸을 적 그때처럼, 늘 그렇듯 철부지 언니와 동생으로 마주한다. 그래서인지 언제 만나도 동생과의 시간은 참 좋다.

 끝나고 함께 마시는 사과 맛 피크닉이 유난히 달콤하다.

2세에 대한
고민

"다 자기 밥그릇은 갖고 태어난다더라. 얼른 낳아!"
"아이가 주는 기쁨이 얼마나 큰데, 안 낳겠다는 거야?"
"결혼했으면 당연히 낳아야지. 안 낳을 거면 왜 결혼했냐."
"낳기만 해! 알아서 다 커."

결혼하고 참 많이 들었던 말들이다. 하지만 난 여기에 무조건 반기를 든다. 자기 밥그릇을 다 가지고 태어난다고? 그 밥그릇을 만들어 주는 게 누군데, 부모 아닌가. 그거 내가 해야 하는 거잖아. 아이가 주는 기쁨을 낳기도 전에 어떻게 알고 그 어려운 선택을 할까. 결혼하면 당연히 낳아야 한다니, 그런 구시대적 발상이 어디 있을까. 낳으면 누가 키워 주는 것도 아닌데 알아서 큰다니….

할말하않!

늘 고민이 많았다. 직장, 경력, 돈, 가족, 행복 등등 걱정이 끝도 없었다. 분명 더 잘 살고 싶어서 하는 고민과 걱정일 텐데, 삶은 더 순탄치 않게 흘러갔다. 그러던 중 남편을 만났고, 조금이라도 안정적인 삶을 살고 싶다는 마음에 결혼을 결심했다. 하지만 결혼하면 달라질 줄 알았던 삶은 달라지지 않았다. 오히려 고민할 일들이 더 많아졌다고 해도 과언이 아니었다. 내 집 마련에 대해 고민도 해야 했고, 출산에 대한 압박도 생겼으며, 합리적 지출에 대한 걱정도 뿌리칠 수 없었다. 그러다 보니 진짜 자식이 생겨 육아까지 하게 된다면, 내 인생은 정녕 사라질 것만 같았다.

하루는 초등학교 입학을 앞둔 조카의 옷을 사러 백화점에 갔다. 이 옷, 저 옷 들여다보다가 마음에 드는 옷을 발견하고는 당당하게 계산대에 올려놨다. '어린아이 옷이 얼마나 하겠어?'라는 생각에 가격표를 확인하지 않은 내 오만함은 정확하게 빗나갔다.

"30만 7,000원이요."

"30만… 네? 뭐라고요?"

내 귀를 의심했다. 아니, 내 옷의 반절도 안 돼서 천이 엄청 적게 들 것 같은 어린이의 옷이 대체 왜 이렇게 비싸단 말인가, 라고 생각하며 계산했다.

어르신들은 "자기 밥그릇은 다 갖고 태어난다더라! 얼른 낳아!"라고 하시지만, 그거 다 진짜! 리얼! 옛말이다! 요즘은 그 밥그릇을 챙겨주려면 부모가 웬만큼 벌어서는 안 된단다. 이토록 고달픈 현실이 아이가 커서 결혼할 때쯤이면 바뀔까? 아니다. 그때쯤엔 아마 모아놓은 돈이 1도 없어 노후 걱정을 하고 있을 거다.

휴…. 정말 숨이 턱턱 막힌다.

하나를 해결하기 위해 열심히 살아봤자, 해결은커녕 또 더 높은 산이 기다리고 있는 꼴이니, 우리는 치열하게 고민했다. 우리의 삶을 어떤 방향으로 끌어가면 좋을지에 대해.

"집을 포기할까?"

"집은 있어야 노후에도 안정적인 거 아니야?"

"그럼 차를 없앨까?"

"뭐 타고 출근하게?"

"버스도 있고 지하철도 있잖아."

"안 돼. 그 돈이나 기름값이나 비슷할걸. 우리 이동하는 횟수를 생각해 봐."

어떤 방향이 우리를 더 행복에 가깝게 만들 것인지, 매일 밤 싸우고 논쟁했다. 그런 긴긴 고민의 시간에도 답은 나오지 않았다.

"아이는 어쩌고 싶은데?"

남편이 물어오면 나는 또 물었다.

"오빠는 어쩌고 싶은데?"

"물론 나는 아이 생각은 있지. 그런데 내가 낳을 순 없는 거잖아. 그 희생을 너한테 강요할 수도 없는 거고."

"그치. 근데 난 자신이 없어."

자신… 이 단어 앞에서 마음이 무너졌다. 나는 어떤 자신이 없는 걸까. 나 같은 아이를 아빠처럼 잘 돌볼 자신? 좋은 엄마가 될 자신? 날 희생할 수 있을 자신? 다른 어떤 아이들보다 잘 길

러낼 자신? 남부럽지 않게 하고 싶은 거 다 해 줄 자신?

내가 내린 결론은, 아이가 주는 기쁨이 아무리 크다고 해도 그사이 나 스스로를 지켜낼 자신이 없다는 것이었다. 내 몸 하나 건사하며 이 험한 세상을 살아내는 것도 힘들다는 생각 때문이다. 그럼에도 만약 나를 희생해서 아이를 낳고 키우는 경우, 보고 있으면 너무나 사랑스럽고 아이가 집 분위기를 화목하게 하는 데에도 한몫할 것이다. 만약 부부 사이가 안 좋아지더라도 아이를 생각해 한 번 더 참고 화해할 수도 있을 거다.

이런저런 가정을 해 보며 자녀 계획에 대한 오랜 고민을 이어나갔다. 하지만 결국 자녀 계획을 고이 접어 저 깊숙한 곳 어딘가, 찾지 못할 곳에 넣어놓기로 했다. 언젠가 다시 꺼낼 날이 있을지 모르지만.

진짜
어른이 됐다

　　　　　　　　　　시골에 내려온 그해 겨울,
정말 추웠다. 하지만 추위보다도 더 힘들었던 건, 상당한 양의 눈이었다. 적어도 이틀에 한 번꼴로 눈이 내렸는데 그 양이 어마어마했다. 발걸음을 옮길 때마다 푹푹, 정강이까지 빠졌다. 그 때문에 마을 가장 높은 곳에 있는 우리 집까지 우체부의 오토바이는 물론 택배를 배송해 주는 트럭도 좀처럼 올라오지 못했다. 그래서 기사님들이 음식이나 물건을 마을 초입에 있는 마을회관에 두고 가면 직접 내려가 찾아와야 했다. 이 정도면 정말 고립이라고 생각할 참이었다.

　처음에는 눈이 저절로 녹기만을 기다렸다. 하지만 좀처럼 녹을 기미가 보이지 않았다. 날씨가 따뜻해서 살짝 녹을 만하면 다음 날 어김없이 또 눈이 내려 소복하게 길을 덮었기 때문이다. 결국 남편과 나는 눈을 치우기로 마음먹었다.

무릎을 덮을 정도로 내린 눈을 남편이 혼자 나가서 치우고 있었다. 그 와중에 하늘에서 함박눈이 멈추지 않고 내려왔다. 갑자기 나를 애타게 찾는 남편의 목소리가 들려왔다.

"여보! 여보!"

처음엔 귀찮은 마음에 귀를 닫고 나가지 않았다. 하지만 계속해서 부르는 소리에 슬리퍼를 신고 마당으로 터덜터덜 나갔는데 웬걸, 눈 바닥에 쭈그리고 앉아 있는 게 아닌가. 놀란 마음에 뛰어나가다가 슬리퍼가 미끄러져 넘어지고 말았다.

"조심해! 엄청 미끄러워."

알고 보니 눈이 녹았다가 쌓이기를 반복하면서 바닥에 얼음막이 생긴 건데, 남편이 아무 생각 없이 크록스를 신고 내리막길을 빗자루로 쓸다가 미끄러지면서 꼬리뼈를 바닥에 찧고 만 것이다. 통증이 심한지 걷지 못할 지경에 이르렀고, 결국 병원 신세를 지게 됐다.

연이어 주사를 맞았지만, 꼬리뼈가 회복되는 데 한 달이라는 기간이 필요하다고 했다. 그런 남편을 대신해서 내가 눈 치우기 담당이 되고 말았다. 쓸고 또 쓸고. 눈과의 사투를 벌였다. 사투에서 이겨내야 배달이라도 시켜서 밥을 먹을 수 있었고, 우편물도 받을 수 있었다.

유독 더 많은 눈이 내렸던 날, 홀로 눈을 치우는 데 몰입했다. 비질을 마치면 또 금세 눈이 쌓였고, 또 쌓였다. 반복되는 눈 치우기에 극심한 짜증이 밀려오기 시작했다. 정녕 서울에서 이렇게 많은 눈을 본 적이 있었던가. 이곳에는 왜 이토록 많이 오는 것인가. 그것도 하필 우리가 내려오고 난 뒤에.

분노가 치밀어 올랐다. 빗자루를 집어 던지고 쭈그려 앉았다. 한참을 앉아 있자니 또 눈이 내렸다. 쓰고 있던 모자 위로 눈이 소복하게 쌓이기 시작했다. 모자를 툴툴 털고 일어서서 다시 비질을 시작했다. 내가 아니면 이 눈을 대신 치워줄 사람이 없다는 걸 알기에. 그렇게 한참 눈을 치웠다.

서울에서도 겨울엔 똑같이 눈이 많이 왔다. 하지만 체감할 수 없었다. 긴 세월을 아파트에서 살아서, 눈이 오면 즉시 경비 아저씨들이 다 치워 주셨기 때문이다. 또 회사에서도 관리해 주시는 아저씨들께서 눈을 치우고 미끄럽지 않게 흙을 뿌리며 길을 다져 주셨다. 그러니 출근길에도 눈이 얼마나 내렸는지 알 길이 없었다. 하지만 서울이 아닌 지금 이곳에서는 폭우가 와도 폭설이 내려도, 대신해서 비질해 주거나 길을 다져 줄 사람이 없다. 오롯이 스스로 다 체감하고 감당해야 하는 몫이 됐다. 시골의 삶을 선택한 뒤 나에게 생긴 가장 큰 변화이기도 하다. 늘 수동적으로 살아온 내가 능동적인 사람이 되어가고 있다는 것.

고등학교를 졸업하고 대학교를 입학하는 수순은 당연했다. 또 문과라는 전공에 맞춰 학과를 선택하는 과정도 그랬다. 이어서 그 학과에 맞춰진 직장을 선택하는 것까지도. 모든 선택은 누가 말해 주지 않아도, 큰 고민하지 않아도 그냥 정해져 있다는 듯 흘러갔다. 수동적으로.

하지만 지금은 아니다. 모든 판단과 결정은 스스로 해내야 한다. 눈을 치우는 행위도, 시골에 집을 짓는 결정도, 더 나아가서는 직업의 방향을 바꾸며 미래를 설정하는 것도. 누구도 나를 대신해 그 순서를 정해 주지도, 제안해 주지도 않는다. 오롯이 내가 선택하고 결정해야 하는 삶인 것이다. 비록 따라가야 할 모델이 없어 익숙하지 않아 힘들고 버거울 때도 있지만, 능동적인 삶은 차원이 다른 나를 만들어 내고 있었다.

당연한 것을 당연하지 않게 생각하게 되면서 이 세상의 모든 것이 당연하지 않음을 배우는 것. 이렇게 내 생각의 줄기를 바꿔가고 있다. 식물도 줄기의 방향이 바뀌면 열매가 맺히는 방향이 바뀌듯이, 이런 변화가 곧 내 인생의 방향에도 변화를 만들어 낼 거라고 믿는다.

맨발로
흙을 밟고 거닐면

과거에 장수 비결을 소개하는 프로그램을 제작한 적이 있다. 그때 맨발로 흙을 밟으며 한평생을 살아가는 70대 어르신을 취재했다. 어르신을 처음 만난 장소는 대전의 계족산이라는 곳이었는데 첫인상이 너무 강렬해서 잊을 수가 없다.

평소 등산이라고는 해 본 적이 없는 내가 산 정상에 올라서야 어르신을 만날 수 있었다. 계족산 초입에서 만나면 안 되는지, 정 안 된다면 중간 정도에서라도 만날 수 없는지 여쭈어봤지만 강경하게 정상을 고집하셨다. 보통 촬영 때는 산을 오르더라도 취재를 위한 만남에서는 집에서 만나는 경우가 많았던 터라, 여간 당황스러운 게 아니었다. 게다가 산 정상까지 꼭 올라와서 만

나지 않으면 프로그램 출연도 하지 않을 것이라고 엄포를 놓는 게 아닌가. 섭외를 성공시켜야 하는 입장이다 보니 거절하지 못했고, 결국 피디를 앞장세워 정상까지 올라갔다.

올라가며 도대체 얼마나 특이한 분이실까, 산을 왜 이렇게 고집하시는 걸까, 궁금했다. 하지만 정상에서 만난 어르신은 특이한 외모도 성격도 아닌, 그저 70대의 평범한 할아버지처럼 보였다. 단 하나 다른 점은 신발을 신지 않고 맨발로 서 계셨다는 것뿐. 설마 맨발로 산에 올라오신 건 아니겠지, 싶던 찰나 피디가 질문했다.

"선생님, 혹시 맨발로 정상까지 오신 거예요?"

"당연하지. 그거 보여주려고 올라오라고 했지. 괜히 내가 정상까지 오라고 했겠어?"

그랬다. 어르신은 맨발로 등산하는 걸 즐겨 하시는데, 비가 오나 눈이 오나 매일 새벽 계족산 정상을 찍고 내려가야 직성이 풀린단다. 그렇게 산을 탄 지 어느덧 5년이 넘었다고 했다. 처음엔 흙을 밟는 게 건강에 좋다고 해서 슬금슬금 올랐는데, 맨발로 흙을 밟다 보니 그 촉감이 너무 좋아서 푹 빠지셨다고. 그럼에도 아프지는 않으실지 궁금했는데 발을 들어 보여주셨다. 고와도 너무 고운 발이었다. 상처도 주름도 갈라짐도 하나 없는 탱탱한 발.

"양말 한번 벗어 봐! 벗고 걸어 봐요. 생각보다 더 좋다니까?"

신기한 듯 발 구경에 몰입하던 나와 피디에게 맨발로 흙을 밟아 볼 것을 권유했다. 우리는 서로 눈치만 보다가 주춤주춤 운동화를 벗고, 양말도 벗었다. 정상에 있던 사람들이 의아한 듯 쳐다보는 시선을 느꼈다. 하지만 어르신은 그런 시선일랑 신경 쓰지 말라면서 오히려 핀잔했다.

억지로 양말을 벗은 채, 두 맨발로 땅을 딛고 섰다. 돌이 발에 박혀 미세한 통증이 느껴졌고, 까슬한 돌의 촉감은 그다지 썩 좋지 않았다. 피디의 표정도 별반 다르지 않아 보였다. 도무지 왜 맨발로 흙을 밟아야 하는 건지, 흙이 뭐길래 장수 비결이라는 건지 이해할 수 없었지만, 방송을 만들어야 했기에 이해하는 척했다. 아니, 정확히는 어르신을 이해하는 척했다.

어르신은 그런 우리의 마음을 꿰뚫은 듯 이야기를 시작했다. 맨발로 흙을 걸었을 때 발에 통증을 느낀다면 몸이 보내는 빨간 신호인 거라고. 몸 어딘가가 아프기 때문에 발에 통증을 잘 느끼는 거라고 말이다. 그러면서 본인의 부모님 이야기를 들려 주셨는데, 직접 흙집을 지어 한평생을 흙에서 사셨다고 했다. 그 덕분인지 두 분 다 100세까지 장수하셨다는 말도 덧붙였다. 그러니 꼭 시간이 된다면 흙을 밟고 살라고 강조했다. 꼭 그러겠다며 고개를 끄덕였다. 하지만 이후 방송이 전파를 탐과 동시에 어르신의 말은 기억에서 잊혔다.

시골에 내려와 잔디를 밟던 어느 날, 문득 맨발의 어르신이 생각났다. 어르신을 만난 지 어느덧 10년이 훌쩍 지난 뒤였다. 사실 어르신이 강조했던, 맨발로 흙을 밟으면 오래 산다는 말은 잘 모르겠다. 진짜인지 아닌지. 그러나 맨발로 흙을 밟고 거닐면 그 순간만큼은 마음이 편안해지고 행복해진다는 건 안다. 흙의 포슬거림과 차가움 그리고 바람에 흔들리며 발등을 간질이는 잔디의 촉감까지. 맨발로 잔디를 단단히 밟고 서 있으면 오감이 황홀해짐을 느낀다. 아마 어르신도 그 행복감이 장수할 수 있는 마음가짐을 만들어 낸다는 걸 말하고 싶었던 건 아니었을까.

그렇게 나는 오늘도 흙을 밟으며 몸도 마음도 건강해지고 있다.

덧붙이기.

반려견 솜이도 서울에서 늘 챙겨 입던 옷 대신, 맨발로 신나게 흙을 밟고 잔디에 누워 뒹굴며, 욕망에 충실한 행복한 똥개로 살아가고 있다.

칠절리
썰매장

시골에 내려올 때 하나의 로망이 있었다. 겨울이 되면 꼭 해 보고 싶던, 바로 눈썰매다. 어렸을 적 시골에서 눈썰매를 타며 하하호호했던 즐거운 기억이 남아 있어 다시금 동심으로 돌아가 눈썰매를 타 보고 싶었다. 특히 경사가 높은 곳에서 비료 포대를 타고 내려올 때의 스릴은 타 본 자만이 안다.

남편과 이야기를 나눈 끝에 칠절리 썰매장을 개장하기로 했다. 우리 집 바로 위에 자리한 밭에서 시작해 주차장까지 내려오는 비탈길을 썰매장으로 선택했다. 집이 마을 가장 높은 곳에 있다 보니 경사가 만만치 않아서 썰매를 타기에 더 안성맞춤이라고 판단했다. 눈이 오는 날이면 스테이에 머무는 고객뿐만 아니라 동네 분들 누구든 자유로이 이용할 수 있도록 오픈하겠노라 마음먹고, 비료 포대 안에 담요를 꽉꽉 채워 넣어 폭신함을 느낄 수 있도록 만들었다.

더 나아가 어르신들을 만날 때마다 홍보도 했다. 마음 같아서는 마을회관에 가서 마이크를 잡고 말하고 싶었으나 이장님께서 허락해 주시지 않을 걸 알기에, 참아야만 했다.

"눈 오면 우리 집에 썰매 타러 오세요. 썰매장 만들었어요!"
"할아버지, 썰매 타 보셨어요?"
"우리 집에 썰매장이 있어요. 눈만 오면 된답니다."

내가 썰매 얘기를 하면 마을 어르신들은 고개를 격하게 끄덕이며 어렸을 적 썰매 탔던 경험담 혹은 썰매 탈 시간도 없었다는 등의 옛날이야기를 해 주셨다. 그렇게 며칠간 홍보를 이어가고 있을 때였다. 뒤늦게 만난 기영이 삼촌이 썰매장 이야기를 듣더니만 혀를 끌끌 차는 게 아닌가.

"작년에나 눈이 꽤 온 거지! 원래 당진은 눈 잘 안 와. 그리고 너희 집은 햇볕이 너무 잘 들어서 금방 다 녹는데이."

녹는데이

녹는데이

녹는데이

하. 불길한 이 한마디가 뇌리에 꽂혔다. 하지만 작년에 눈을 치우다 꼬리뼈를 다친 남편을 떠올리며, 포기하지 않기로 했다. 11월, 12월, 눈이 오기만을 손꼽아 기다렸지만 눈 소식은 없었다. 눈이 오더라도 흩날리는 싸라기눈 정도였다. 기영이 삼촌 말이 정녕 사실인 걸까. 아쉬운 마음이 감춰지지 않았다.

그렇게 눈 한 번 보지 못한 채 새해를 맞은 우리는 '역시 뭐든 너무 애타게 기다리면 안 되는 법'이라면서 자포자기하고 있었다. 그런데 그날 오후, 갑작스럽게 예보에도 없던 눈이 내리는 게 아닌가. 그것도 펑펑 말이다.

꽤 많은 양의 눈이 내린 덕분에 한 시간이 지나자 금세 도로 곳곳이 하얗게 변했다. 계획대로 남편과 나는 분주하게 움직였다. 준비해 둔 비료 포대를 꺼내 오고 안전을 위해 가장자리에 세워 놓을 주차 꼬깔콘도 준비했다. 언뜻 보기에도 썰매장 느낌이 물씬 풍겼다.

남편은 신났는지, 포대를 하나 들더니 밭으로 성큼성큼 올라갔다. 본인이 안전하게 길을 닦아두겠다나 뭐라나…. 잠시 뒤, 소리를 지르며 저 멀리 밭에서부터 미끄러져 내려오는 남편을 바라보고 있자니, 생각보다 내려오는 구간이 길었다.

"아주 재밌어. 빨리 타 봐."

남편의 설레는 표정에, 단숨에 비료 포대를 가지고 밭 위로 올라갔다. 이 얼마나 기다리고 기다리던 썰매인가. 이게 뭐라고 괜스레 설렜다. 단숨에 올라가서 비료 포대를 깔고 몸을 맡겼다. 슝- 출발은 기가 막혔으나… 꽈당! 중간에 돌부리에 걸려 눈 위로 뒹굴고 말았다. 남편은 박장대소를 했고, 그런 남편을 보며 나도 박장대소를 했다.

어린 시절로 돌아간 듯 우리는 깔깔거리며 신이 났고, 그 소리에 스테이를 찾은 손님들도 하나, 둘 나와보기 시작했다. 삼삼오오 모여서는 처음에는 우리가 타는 걸 구경만 했다. 그러던 중 한 손님이 물어왔다.

"저도 타 봐도 돼요?"
"그럼요! 물론이죠! 다치지 않게 조심해서 타세요!"

그렇게 한 사람으로 시작해서 두 명, 세 명, 너나 할 것 없이 모두가 비료 포대를 번갈아 들고 밭으로 올라가 썰매를 타고 내려왔다.

슝-
까르르!
슝-
꺄아아!

그때 지나가던 마을 어르신이 멈춰 서서는 흐뭇한 미소로 바라보시는 게 아닌가. 한참을 바라보시길래 곁으로 다가가 대화를 시작했다.

"어르신, 썰매 타 보실래요? 아주 재밌어요."
"허허, 다 늙어서 무슨 썰매야. 그냥 보기만 해도 즐거워."
"한번 타 보시면 더 즐거우실걸요?"
"허허, 아니래도! 그냥 고마워."
"네? 뭐가요?"
"젊은 사람들이 오기 전에는 마을이 조용했는데, 시끌벅적하고 얼마나 좋게? 그러니까 고맙지. 매일 이렇게 즐겁게 살아!"

시골에 오고 난 뒤 들었던 말 중에 가장 소중한 말이었다. 어쩌면 가장 듣고 싶었던 말이었을지도 모르겠다. 우리의 즐거움이 어르신들에게도 즐거움이 될 수 있다니. 어르신께 고개를 숙여 인사했다. 예쁘게 봐주셔서 감사하다고. 덕분에 이곳에서 더 행복하게 지낼 수 있을 것 같다는 말과 함께.

이후에도 눈만 내리면 조용했던 마을은 시끌벅적한 겨울왕국이 됐고, 커다란 웃음소리에 아랫집 반장님도, 기영이 삼촌도, 지나가던 어르신들도 우리 집에 찾아와 같이 그 분위기를 즐겼다. 그렇게 우리는 작은 마을의 일원으로 천천히 스며들었다.

고양이도
그리움을 안다

5도 2촌을 시작하면서

나에게 특별한 친구들이 생겼다. 바로 길고양이들이다. 나보다 먼저 동네에서 터를 잡고 살던 녀석들인데, 무려 네 마리다. 이름도 지어줬다. 엄고와 잘고, 핑고, 검고였다. 엄고(엄마 고양이)는 잘고(잘생긴 고양이)와 핑고(핑크 코를 가진 고양이)의 엄마다. 검고는 검은색 털을 가진 고양이로 아빠 고양이로 추정된다.

녀석들 사이가 얼마나 좋은지, 사료를 먹을 시간이 되면 꼭 "냐옹~"거리면서 서로를 불러 모았다. 같이 먹자는 신호였다. 가끔 작은 그릇에 사료를 주면 한 녀석이 먹고, 또 남긴 뒤 두 번째 녀석이 먹고, 또 다 먹고 나면 엄고가 먹었다. 그리고 검고는 가장 끝에서 그릇을 핥아 먹었다. 밥을 다 먹고 잔디밭에서 뒹굴고 놀다가도 엄고가 어디론가 움직이면 녀석들이 순서대로 뒤따라 움직였다. 마치 놀이터에서 놀던 아이들에게 엄마가 "이제 가자"고 말하면 손잡고 집으로 향하는 것처럼 말이다. 맨 끝에 선 검고가 녀석들을 호위하듯 뒤따랐다. 녀석들을 볼 때면 이런 게 가족이지, 하는 생각에 마음이 훈훈해졌다.

귀여운 녀석들의 일상을 지켜보는 재미에 푹 빠져 있던 어느 날이었다. 길고양이다 보니 반려견처럼 살갑게 굴거나 친근하게 다가오진 않았지만, 우리 차 소리만 들렸다 하면 쪼르르 몰려오곤 했다. 그런데 그날은 아무도 모습을 드러내지 않는 게 아닌가. 뭔지 모를 싸함을 느꼈다. 곧 오겠지, 곧 오겠지, 생각하면서 기다렸다.

마당을 쓸고 풀을 뽑고 있던 찰나, 어디선가 고양이 울음소리가 들려왔다. 평소 녀석들의 울음소리와는 달랐다. 마치 고양이끼리 싸울 때 내는, 격하면서도 갈라지는 소리였다. 나는 "야옹~"거리면서 그 소리를 찾아가기 시작했다. 집에서 한참 밑에 자리한 하우스 쪽에서 나는 소리였다. 점점 가까워지는 고양이의 울음소리에 운동화가 질펀한 흙에 빠지는지도 모른 채 뛰어 내려갔다.

엄고가 목청껏 울고 있었다. 그 옆에는 호기심이 가장 많던 핑고가 있었다. 핑고는 어딘가에 몸이 걸린 건지 움직임이 힘들어 보였고, 엄고는 계속해서 목 놓아 울었다. 처음에는 둘이 싸우고 있는 줄 알았다. 말리려고 가까이 다가간 순간, 정신이 나가고 말았다. 핑고가 덫에 걸린 것이었다. 그 곁에서 엄고가 구해 달라고 울고 있었다. 머릿속이 하얘졌다.

"핑고야, 핑고야!"

핑고를 부르며 눈물이 쏟아졌다. 빨리 남편을 찾아야겠다는 생각뿐이었다. 이번에는 핑고 대신 남편을 부르며 집으로 뛰어 올라갔다.

"오빠! 오빠!"

"무슨 일이야? 왜 그래?"

"빨리빨리. 핑고가… 빨리."

남편은 진정하라면서 밭을 가로질러 핑고가 있는 곳으로 뛰었다. 상황을 맞닥뜨린 남편도 혼비백산이 됐다. 하지만 정신을 부여잡아야 핑고를 살릴 수 있다는 생각에 동물 보호소며 여기저기 전화를 걸었지만 오는 데 시간이 걸린다는 답뿐이었다.

결국 하우스 주인을 찾아 나섰다. 남편이 여기저기 전화를 한 뒤에야 하우스 주인을 찾을 수 있었다. 전화를 빼앗아 들고, 빨리 이 덫을 풀어 달라고 제발 부탁한다며 소리를 질렀다. 당황한 하우스 주인은 오토바이를 타고 나타났고 나는 울부짖었다. 남편은 핑고를 꼭 구하겠다면서 집에 가 있으라며 손짓했다. 이미 이성을 잃은 내가 지켜보면 안 될 것 같다는 판단에서였다. 남편과 하우스 주인은 핑고의 눈을 가리고 덫을 풀어냈지만 이미 핑고의 다리는 너덜너덜해진 뒤였다. 남편과 나는 핑고를 데리고 병원으로 향했다.

처음 간 병원에서는 길고양이라는 이유로 진료를 거부했다. 동물병원이 길고양이 진료를 거부하는 경우가 있는데, 그 이유는 길고양이가 전염병을 가졌을 가능성 그리고 진료비 문제가 있어서다. 남편이 계속해서 진료를 부탁하자, 수의사는 사진을 찍어 본 뒤 처방을 내렸다. 그러고는 부목 하나를 대주고 움직이지 못하게 하라는 말을 덧붙였다.

하지만 길고양이가 어떻게 움직이지 않고 가만히 있을 수 있을까. 당연히 난리가 났다. 다리는 죽을 만큼 아플 테고, 생전 처음 사람의 손에까지 붙잡혀 있으니, 경계심이 한껏 높아졌다. 약을 먹이는 것도 힘들었다. 예민해진 녀석을 진정시켜 사료나 간식을 먹이는 일은 불가능했다. 결국 입원이 가능한 다른 병원을 찾아보기로 했다.

　진료를 잘 본다는 병원들을 수소문해서 연락했지만 다들 난색을 표했다. 한숨이 절로 났다. 죽음의 문턱에 서 있는 핑고를 지켜보고 있자니, 서러움이 몰려왔다.

　마침내 한 병원을 찾았다. 블로그의 글을 보니 길고양이 다리 수술을 한 경험이 있었고 입원실도 마련되어 있어 핑고를 맡기는 게 가능할 것 같았다. 핑고를 데리고 병원으로 향했다.

　병원에서 마주한 수의사는 친절했다. 핑고를 보자마자 품에 안아 주었다. 핑고가 다시 걸어 나갈 수 있을 거라는 기대가 생겼다. 여러 검사를 한 뒤, 수의사는 다리를 절단해야 한다는 결론을 내렸다. 덫에서 풀리고 난 뒤에 바로 왔으면 봉합도 고려해 봤겠지만, 지금은 그럴 수 없는 단계인 것 같다고, 이미 괴사가 시작되었다고.

　눈물이 났다. 내가 조금만 더 꼼꼼하게 병원을 알아보고 데려갔더라면, 시간이 지체되지 않았다면 핑고가 다리를 절단하는 일은 없었을 텐데. 나 자신이 너무나 원망스러웠다. 하지만 슬퍼할 시간도 부족했다. 빨리 결정하고 핑고의 다리를 치료해야 했다. 수술비며 입원비며 생각보다 컸다. 하지만 남편과 나는 핑고부터 살리자는 데 의견을 모았고 수술을 결정했다.

그렇게 핑고는 난생처음 마취라는 걸 했고, 수술이 시작됐다. 두 눈을 꼬옥 감고 힘없이 누운 녀석을 보니 안쓰러웠다. 작은 체구와 핑크 코, 핑크 발을 가진 녀석. 이 길고양이가 무슨 잘못을 했기에 여기 이렇게 누워 있어야 하지. 무려 일곱 시간 넘게 걸린 수술. 사람도 힘든 수술을 이제 한 살도 채 안 된 녀석이 감당한 것이다. 그러나 지금부터가 더 중요하다는 수의사의 말.

"당분간이야 입원시키면 되겠지만… 길고양이라고 했죠? 아마 앞발이 없으면 야생에서 살기 어려울 거예요."

핑고가 잃은 건 앞발이었다. 먹이를 사냥하는 데 꼭 필요한 수단인 앞발을 잃고 만 것이다. 선택해야 했다. 엄고와 잘고의 곁으로 보내줄 것인지, 보호소로 보내줄 것인지, 아니면 입양을 보낼 것인지, 그것도 아니라면 우리가 키울 것인지. 핑고가 입원해 있는 사흘 동안 고민해 보기로 하고 핑고를 병원에 두고 집으로 향했다.

집에 도착하자 기다렸다는 듯 엄고와 잘고가 문 앞에 앉아 있었다. 우리는 두 녀석에게 사료를 챙겨주면서 핑고가 살아서 다행이라고, 정말 다행이라고 연거푸 말했다. 사실 엄고도 앞다리 한쪽이 짧다. 건너 듣기로는 덫에 걸린 것 같다고 했다. 그래서 그렇게 목 놓아 울었던 걸까. 도와달라고 날 부르고 싶었던 걸까. 마음이 아팠다.

며칠 뒤 핑고가 퇴원하는 날이 되었다. 우리는 평소와 마찬가지로 녀석들의 밥을 챙겼다. 그리고 핑고가 있는 곳으로 향했다. 병원 앞에서 내리기 직전, 약속이라도 한 듯 남편과 나는 말했다.

"우리 집사 한번 해 보자!"

핑고는 길고양이가 아닌 집고양이가 됐다. 하지만 적응의 시간이 필요했다. 힘든 일을 겪은 뒤여서인지 경계심이 극도로 커졌다. 사료도 물도 먹지 않았다. 힘없이 잠만 자거나, 하염없이 창밖만 바라봤다. 그리고 울었다. 특히나 밖에서 미세하게라도 엄고와 잘고의 울음소리가 들리면 울음소리는 더 격해졌다. 밖으로 나가고 싶다는 욕구보다는 엄고와 잘고의 품이 그리운 것 같았다. 핑고의 소리에 잘고도 반응했다. 마치 대화라도 하듯이.

핑고와 잘고가 울기 시작하면 그 시간이 꽤 긴데, 그때마다 마음이 너무 아팠다. 핑고를 놓아줄 수도, 잘고를 데리고 올 수도 없어서. 결국 우리는 핑고의 안식처를 소리가 가장 잘 안 들리는 방으로 정했고, 차차 적응하길 기다리기로 했다. 시간이 흐르고, 그 그리움의 끝에서 우리에게 마음의 문을 열어줄 거라고 생각하면서. 그렇게 나는 집사가 되어갔다.

부부라는 끈

남편과 내가 만난 지도 어느덧 11년 차가 됐다. 연애는 3년을 했는데, 그 당시 농담처럼 남편에게 종종 한 말이 있다.

"오빠, 우리 결혼기념일을 기점으로 10년에 한 번씩 리마인드 웨딩 사진을 찍자. 근데 조건이 있어."

"조건?"

"응! 10년마다 더 같이 살지 말지 정하는 거야. 그래서 같이 살기로 하면 한 번씩 더 찍는 거지."

남편은 어이가 없다는 듯 웃어넘겼지만, 나는 진짜 결혼 10년 차에 리마인드 웨딩 사진을 찍을 것이며, 물론 같이 더 살 건지 말 건지도 물어볼 것이다. 후훗-.

어느덧 결혼한 지 8년 차가 됐고, 그 사이 당진에서 2년이 지났다. 비록 첫해에는 관계가 데면데면하기도 했으나 그 과정을 겪어내면서 우리 부부 사이는 더 돈독해졌다. 붙어 있는 시간이 많기도 했고, 이곳에서는 놀 사람이 우리 둘뿐이라는 것도 관계를 애틋하게 하는 데 한몫했다.

그 시간을 돌아보며 기억에 남는 순간을 적어보고 싶다는 마음에 다이어리를 펼쳤다. 생각보다 많은 일들이 떠올랐다. 이른 봄 생전 처음으로 해 본 마당 조경부터 억수같이 쏟아지던 장마에 무너진 둑, 잠깐이지만 푸릇했던 청보리, 눈 오던 날 꼬리뼈를 다친 남편의 일화까지. 그런 수많은 기억의 공통점이 있었다. 바로 남편과 내가 함께, 우리가 같이 경험했던 일들이라는 것이다.

주변의 많은 사람이 결속력에 대해 종종 이야기한다. 부부라는 관계가 오래되면 결속력이 끈끈해지기도 하지만 오히려 더 반감되기도 한다고. 특히 딩크족인 우리에게는 결속력이 걱정거리 중 하나였다. 가족들 역시 같은 걱정을 했기 때문에 명절만 되면 끊임없이 아이에 대해 이야기했다. '아이가 맺어주는 두 사람의 관계가 엄청 크다'라거나 '두 사람이 싸우더라도 아이가 있으면 한 번 더 참고 견디게 된다'와 같은. 결혼 전에는 "결혼 언제 할 거야?"라는 질문이었다면, 이제는 "아이 정말 안 낳을 거야?"로 바뀐 셈이다. 부부 사이에 아이는 절대적으로 필요한 존재인데, 그 대표적인 이유가 결속력이라고 했다.

하지만 내 생각은 달랐다. 11년째 서로를 바라보며 살아가고 있는데 어느 순간에도 결속력이 약해졌다고 느낀 적이 없기 때문이다. 둘이어도 즐거웠고, 둘만 있으면 다른 친구도 필요 없었다. 뭐든 둘이 할 수 있는 일을 찾았고 둘이 보내는 시간이 많았으므로. 특히나 시골에 내려오면서 그 시간이 절대적으로 늘어났기에.

서울에서는 빠르게 흘러가는 시간 속에 정신없이 살았다. 그러니 같이 살아도 같이 살아간다는 느낌보다는 한 집에서 동거하는 룸메이트나 다름없었다. 각자 뭘 하는지, 밥은 먹었는지, 어딜 가는지 물어봐야지만 알 수 있었다. 하지만 시골에서는 달랐다. 모든 상황에서 '각자'가 아닌 '같이'였다. 서울과 달리 시간은 느리게 흘렀고, 급하지 않았기에 서로에게 집중하고 몰입하는 게 가능했다.

남편이 지금 무엇을 하러 마당에 간 건지, 또 뭘 하려고 창고를 헤집어 놓고 있는 건지, 호미를 들고 왜 밭으로 가는지 아니면 꽃나무를 사 온다더니 왜 빈손으로 돌아온 건지, 서로의 움직임에 조금 더 눈을 돌리고 귀를 기울였다. 남편 역시 내가 주방에서 뭘 하려는 건지, 고양이에게 뭘 주려는 건지, 마당에서 뭘 찾고 있는 건지 내 움직임을 주시했다. 그런 자연스러운 흐름 속에서 멀었던 우리의 거리는 하루하루 가까워지고 있다.

이런 일상을 지내다가 내가 며칠 서울에 올라가는 날이면 남편은 아쉬움에 한숨을 푹 쉰다. 그리고 다시 돌아오는 날이면 주인을 애타게 기다리다 꼬리를 흔들며 맞이하는 강아지처럼 나를 반긴다. 그런 남편을 보고 있노라면, 서울에서의 고단함이 싹 풀리는데 어찌 결속력이 단단하지 않으랴.

서로 이토록 몰입하고 집중하고, 사랑하면 그게 결속력이지. 결속력이 별거인가.

다른 조건은 필요하지 않다. 아무리 바빠도 밥을 같이 먹는 일, 아무리 정신이 없어도 한 공간에 있다면 상대가 지금 무얼 하고 있는지 봐주는 일, 남편이 날 필요로 할 때는 하던 일을 중단하고 땅콩에 맥주 한 캔 같이 마셔주는 것. 대단하진 않지만 그게 결속력 아닐까. 그렇게 우리는 누구보다 '끈끈'하게 그것도 '잘' 살아가고 있다.

요즘 어른의
관계 맺기

단골 : 특정한 가게나 거래처 따위를 정해 놓고 늘 찾아오거나 거래하는 사람

누구나 나만의 단골 가게를 다들 한 곳쯤은 가지고 있을 것이다. 하지만 단골이 되기까지는 본인만의 조건이 있을 터. 나 역시 수많은 조건이 성립되어야 단골 가게로 점찍는 편이다.

나만의 단골 조건
① 이른 오픈으로 낮술 가능
② 시원한 술
③ 탄수화물이 가득한 안주 有

④ 집에서 멀지 않은 거리

⑤ 주인과 소통 가능 (때에 따라선 모른 척해 줄 때도 있어야 함)

이 정도의 조건은 성립돼야 나만의 단골 가게로 선정될 수 있다. 하지만 사실 이 중에 가장 중요한 건 5번 항목이 아닐까 싶다. 나를 알아봐 주고, 원활한 소통을 최우선으로 생각하되, 가끔 분노 게이지가 상승하거나 우울감이 내 심신을 지배했을 땐 모른 척 두고 봐줄 수 있는 센스를 겸비하길 바랐다.

20대에는 모르는 사람과 새로운 관계를 맺거나 소통하는 것을 중요하게 생각하지 않았다. 또한 단골 가게를 만드는 것도 마음의 여유가 있어야 가능하다고 생각했기에, 사람 관계에 대한 감정 소모를 극도로 거부했던 서울에서는 어려운 게 사실이었다. 모든 만남과 행동은 곧 사회생활의 일부분이었다. 자연스럽게 새로운 만남을 꺼렸고, 피하게 됐다. 이런 마음가짐은 결국 집 근처에 자주 가는 식당이나 술집에서도 이어졌다. 술집에 가서 목적에 충실하게 술을 마시고, 즐기고 오면 된다고 생각했다.

하지만 30대가 된 뒤에는 어느 식당이나 술집에 가더라도 사장님께 질문 하나라도 더 하고, 소통하려고 노력하는 방향으로 바뀌었다. 아마 나이가 들며 새로운 관계에 대한 갈망이 있었던 것 같기도 하다. 그럼에도 서울에서는 쉽게 단골 가게를 만들지 못했다. 워낙 빠르게 생겼다가 없어지는 가게가 많고, 오고 가는 수많은 손님 사이에서 나를 기억하고 알아봐 주는 사장님은 없었다. 나 역시도 늦은 퇴근 시간 탓에 시간도 마음의 여유도 없었기 때문에 마음을 터놓고 소통해야겠다고 생각하지 못했다. 물론 그저 빨리 마시고, 빨리 취해버리기에도 시간은 부족했으니까.

당진에 오고 난 뒤에는 달랐다.

"오빠, 오늘은 어디 가지? 어제 포차학 갔으니까, 오늘은 지짐이? 저팔계? 춘?"

수많은 단골 가게가 생겨 버려서 매일 밤 어딜 가야 하나, 행복한 고민에 빠져 지내기 때문이다.

당진에선 일을 줄이면서 시간적인 여유가 생겼고, 자연스럽게 마음의 여유가 생겼다. 또 일로 만나는 사람들과의 대면이 줄

어들면서 심리적인 부담감과 압박감도 줄었다. 반면에 마음에서 우러나는 사람들을 만나는 횟수가 많아졌다. 힘들게 인맥을 유지하기 위해 좋은 말만 해야 하는 관계가 아닌, 나의 직업을 비롯한 개인적인 이야기를 하지 않아도 되는 관계, 편안하게 오늘 하루의 일상을 공유할 수 있는 관계를 만들기 시작했다.

언제든 가서 드라마 〈술꾼 도시 여자들〉의 한선화(한지원 역)처럼 "싸장님! 술 주세요!"를 당당히 외칠 수 있는 단골 술집, 주문하기도 전에 가게 문을 열면 이미 내 취향의 토스트를 만들기 시작하는 토스트 맛집, 요가원 친구, 필라테스 선생님, 편의점 사장님 등등… 어쩌면 가깝고도 또 적정한 거리가 유지되는 관계가 나를 에워싸기 시작했다. 그 관계는 언제고, 나를 안도하게 만들어 주었다.

그렇게 서른일곱이 된 나는,
당진에 내려와서야
주변 친구를 사귀는 방법을 배워가고 있다.

포기하는 법

시골에 내려온 뒤
첫해를 떠올려 보면 하루에도 수십 번씩 한숨을 내쉬었다. 그만큼 우여곡절이 많았다. 봄에는 공사를 하면서 경험해 보지 못한 난관들에 수도 없이 부딪혔고, 여름에는 쉬지 않고 내린 폭우로 둑이 무너지고 내 마음도 무너져 내리는 경험을 했다. 또 가을에는 심어 놓은 청보리가 다 엎어지면서 몇 날 며칠을 청보리 수습하는 데 몰두했던 날도 있었다. 겨울에는 추워도 너무 추운 날들의 연속이었는데, 넘어져서 꼬리뼈에 금이 간 남편을 대신해서 마당에 쌓이는 눈을 쓸고 또 쓸고를 반복해야 했다. 시골에서 보낸 첫 사계절은 그저 서울 촌놈인 나에게 쉽지 않은 여정이었다.

하지만 두 번째 맞는 해에는 나름의 요령을 터득했다. 봄이 되면 한 해를 잘 살아낸 집에 기름칠을 해 줬다. 페인트칠이 벗겨진 곳은 없는지, 나무가 뒤틀린 곳은 없는지, 오래오래 이 집을 유지하기 위해 곳곳을 수리하는데 시간을 쏟아부었다. 또 여름에는 잦은 비를 예상해 만반의 준비를 했다. 물이 잘 빠질 수 있도록 마당 곳곳에 배수로를 만들고, 둑이 단단하게 버텨낼 수 있게 땅을 잡아주는 들꽃을 심었다. 가을에는 청보리가 엎어지지 않도록 끈으로 구간을 나눠 흔들림이 덜하도록 공간도 확보했다. 또 겨울에는 눈을 치우는 남편에게 튼튼한 장화를 사줌으로써 넘어지는 일을 미연에 방지했다.

어느덧 시골에서 사계절의 변화를 두 번이나 경험했다. 그 시간이 켜켜이 쌓이면서 조금씩 성장하고 있다. 그중 가장 바뀐 것이 있다면 포기하는 법을 배워가고 있다는 것.

얼마 전 마당에 있는 수돗가에 균열이 생기면서 공사 일정을 잡았다. 이참에 시멘트를 다시 발라서 더 견고하게 작업을 할 심산이었다. 공사 전에 미팅을 하고 현장 상황이나 변수도 고려하면서 작업자들과 논의했던 터라 어렵지 않게 공사가 끝날 거라고 생각했다.

하지만 늘 그렇듯 생각지도 못한 일이 벌어졌다. 수돗가를 파헤치기 위해선 포클레인이 마당에 들어와야 했는데, 마당에는 잔디가 깔려 있지 않은가. 어쩔 수 없이 포클레인이 잔디를 밟고 마당을 가로질러야만 공사가 가능하다는 것이다. 아니, 다른 논의는 다 해 놓고 왜! 그 중요한 잔디를 생각하지 못했던 것일까. 우리는 또 좌절했다.

"하. 우리는 늘 왜 이러는 걸까?"
"그러게, 알아본다고 다 알아보고 확인해도 이런 일이 벌어지다니."

잔디를 심을 때 이미 큰돈이 들었거늘, 이게 다 짓밟힌다니. 믿을 수 없는 상황이었다. 공사를 계속해서 진행하되 잔디를 포기하는 방법 vs. 공사를 중단하고 잔디를 보호하는 방법. 둘 중 하나를 선택해야 했다. 작업자들에게 시간을 달라고 말한 뒤 평상에 마주 앉았다. 약 5분 남짓, 서로 아무 말 없이 앉아 있던 우리는 누가 먼저랄 것도 없이 벌떡 일어났다. 그리고 결정했다.

"강행!"

이미 벌어진 상황이고, 수돗가의 균열은 그냥 두면 계속해서 더 커질 테니, 아깝지만 잔디를 포기하기로 한 것이다.

처음 시골 생활을 시작할 때 계획처럼 안 되는 일이 생기면 노심초사했다. 마음대로 안 되는 일들이 생기면 하늘을 원망하고 누군가의 탓으로 돌리기 위해 분노 대상을 찾기도 했다. 지극히 단단하고 딱딱했던 나였다.

하지만 해가 지날수록 조금은 무뎌지고, 물렁거리는 내가 되어가고 있다. 안 되는 일을 부여잡고 곱씹기보다는 포기하고 수습할 방법을 찾는가 하면, 생각지도 못한 변수에도 원망 대신 희망을 먼저 생각하게 됐다. 어쩌면 살아가는 환경이 바뀌면서 마음가짐 역시 재설정되어 가고 있는 것이 아닐까.

땅도
쉬어가는데

서울에서는 계절이
어떻게 변하는지 모르게 살았다. 정확히 말하면 살아내야만 했다. 정신없이 시간을 보냈다. 누가 강요한 것도 아닌데 그렇게 살아내야만 하는 줄 알았다. 눈이 오나, 비가 오나 똑같은 사무실에 들어앉아 키보드만 두드렸다. 벚꽃이 흩날리는 봄에도, 남들은 다 휴가를 떠나는 여름에도, 낙엽 소리를 들으며 산책하기 딱 좋은 가을에도, 소복하게 쌓인 눈을 볼 수 있는 겨울에도.

그렇다 보니, 시골에서 보내는 이틀이 소중했다. 그리고 조금 다르게 살아보려고 노력했다. 가장 먼저 사계절을 오롯이 느끼기 위해 자연과 친해졌다. 하늘을 올려다보고, 땅을 밟고, 흙을 만지며, 열매도 따면서. 자연이 삶의 일부분에 들어올 수 있도록. 그 속에서 자연스레 쉬는 법을 익혀 갔다.

봄은 지독한 겨울을 보낸 논이 활기를 띠는 계절이다. 파릇파릇한 모가 논을 가득 메우는 계절이다. 모가 처음부터 푸르진 않다. 모가 푸르기 위해선 파종의 단계, 즉 작은 씨에서부터 공을 들이는 작업이 있어야 한다. 작은 씨를 고루 깔아주고 흙으로 덮어주고 그 씨가 새싹으로 잘 올라오도록 온도를 유지해 준다. 그러면 한 달 뒤 씨앗은 새싹이 되고, 새싹은 논으로 이동돼 자리를 잡는다. 이후 그곳에 뿌리내리며 세 계절을 살아낸다. 그런 모를 보고 있자면 또 돌아온 이 계절들을 잘 살아내야겠다는 생각이 든다. 나 역시 올해 계획한 씨앗들을 열매 맺게 해야 하기에.

푸릇한 여름에는 그 푸르름을 마음껏 느끼기 위해 신발을 신지 않는다. 잔디를 밟으면서 그 감촉을 고스란히 느끼고 싶어서다. 처음 잔디를 밟던 날, 무심코 슬리퍼를 벗고 잔디를 밟았을 때 살랑이는 바람에 흔들리는 잔디들이 발을 간지럽혔다. 어렸을 적 맨발로 놀이터에서 흙을 밟으며 뛰어놀던 그때의 그 감촉이었다.

가을에는 도토리를 찾는 재미가 있다. 마을 곳곳을 거닐다 보면 도토리나무를 보게 되는데, 나무 아래 도토리 열매가 많이 떨어져 있다. 단지 고개만 떨궜을 뿐인데, 이렇게 많은 도토리를 주울 수 있다니.

또 이 계절은 눈보다 귀로 담아낼 것이 더 많다. 마을 전체가 수확을 앞둔 만큼 트랙터 소리며 이앙기 소리, 정미소에서 벼 내리는 소리 등 시골의 다양한 소리를 귀에 담을 수 있다. 서울에선 지나가는 차 소리나 경적, 오토바이 소리와 같은 늘 들어오던 소리가 전부였다면 시골에서는 더 다양한 일상의 소리가 있다.

수확의 계절을 지나면, 곧 겨울을 맞는다. 눈사람을 만든다는 건 드라마에서나 볼 법한 장면이라고 생각했다. '요즘 누가 눈사람을 만들어?' 가끔 드라마에서 나오는 걸 볼 때도 그렇게 생각했던 것 같다. 그런 눈사람을 매년 만들고 있다면 믿어지려나. 눈을 손으로 만지고 맛보고, 뭉치고 또 던지고. 이런 게 자연 속에서 자연스러운 삶을 살아가고 있다는 거겠지.

특히 시골의 겨울을 좋아하는 이유가 있다. 조용하다. 조용하다 못해 잔잔하다. 누가 살고 있을까 싶을 정도로 마을 전체가 조용해진다. 그 고요함을 사랑한다. 이 계절만큼은 고생한 계절을 잘 살아냈다며 스스로 보듬으며 쉬어간다. 땅 역시 잔잔히 쉬어간다. 큰 수확의 기쁨을 줬던 논과 밭도 내년을 기약하며 한숨 쉬어가고, 푸릇했던 잔디도 색을 잠깐 숨긴 채 쉬어간다. 화려한 색감을 뽐냈던 꽃들도 내년에 더 화려하게 피워내겠다고 다짐하며 몸을 웅크린다. 함께 살아가는 길고양이들도 안식처를 찾아 들어간다. 그렇게 겨울이 되면 기다렸다는 듯 쉼을 시작한다.

자연도 쉬어가는 한 계절. 나는 언제 이 한 계절을 쉬어봤을까. 서울에서는 쉬고 싶어도 쉴 수 없었고, 도망치고 싶어도 도망칠 수 없었다. 다른 직업을 찾고 싶어도, 일을 그만두고 쉬고 싶어도, 그럴 여력이나 여건이 되지 않았다. 늘 흔들렸고 늘 불안했으며, 늘 숙제하듯 인생을 버텨내며 시간을 보냈다.

하지만 시골에서는 오롯이 나에게 집중할 수 있다. 지금 하고 싶은 것, 즐겁게 할 수 있는 것, 행복을 위해 해도 되는 것을 찾아가는 데 몰입했다. 어디론가 도망가고 싶은 마음도 불안한 마음도 더 이상 들지 않았다. 그 이틀이라는 시간이 살아갈 힘을 만들었고 평일의 닷새도 잘 살아낼 수 있게 했다. 닷새를 또 잘 살아내면 마음의 안식처인 시골로 향할 수 있으니까.

살아가면서 오롯이 나에게 집중하고 계절에 집중하면서 쉬어갈 수 있는 시간이 얼마나 될까. 정신없이 일에 몰두하고 살아감에 몰두하다 보면 어느새 20대의 끝자락, 30대의 끝자락에 서 있다. 뒤늦게 쉬어보려고 해도 쉬지 못할 때가 있다. 쉬어본 적이 없어서, 쉬는 방법을 몰라서. 우리는 다 그렇게 쉴 새 없이 살아간다. 그럼에도 조금 더 오래, 조금 더 건강하게 나아가려면 한 계절 정도는 쉬어가도 되지 않을까.

땅도 동물도 쉬어가는 겨울에, 우리의 몸도 마음도 같이 쉬어갈 수 있기를.